本著作是2018年教育部青年基金项目（18YJC790082）的阶段性成果

公司风险承受与盈余管理研究

李　莉　著

中国财经出版传媒集团
经济科学出版社
Economic Science Press

图书在版编目（CIP）数据

公司风险承受与盈余管理研究 / 李莉著. —北京：经济科学出版社，2018.9

ISBN 978-7-5141-9556-9

Ⅰ.①公… Ⅱ.①李… Ⅲ.①公司-风险管理-研究 ②公司-企业利润-企业管理-研究 Ⅳ.①F276.6

中国版本图书馆 CIP 数据核字（2018）第 165992 号

责任编辑：白留杰 刘殿和
责任校对：郑淑艳
责任印制：李 鹏

公司风险承受与盈余管理研究

李 莉 著

经济科学出版社出版、发行 新华书店经销

社址：北京市海淀区阜成路甲 28 号 邮编：100142

教材分社电话：010-88191355 发行部电话：010-88191522

网址：www.esp.com.cn

电子邮件：esp@esp.com.cn

天猫网店：经济科学出版社旗舰店

网址：http://jjkxcbs.tmall.com

北京财经印刷厂印装

710×1000 16 开 11.75 印张 182000 字

2018 年 9 月第 1 版 2018 年 9 月第 1 次印刷

ISBN 978-7-5141-9556-9 定价：42.00 元

（图书出现印装问题，本社负责调换。电话：010-88191510）

前　言

公司风险承受水平是公司在投资决策中主动承担风险追求高额回报的结果，是公司未来业绩的重要信号。公司风险承受水平的上升，可以带动预期收益报酬的提高、销售收入的增长、资产配置效率的提高，对公司发展具有重要影响（John et al.，2008）。但是，随着公司风险承受水平的上升，公司业绩的波动带来的不确定性会影响投资者的投资决策和相关契约的签订，管理层有强烈的动机进行盈余平滑传递公司发展的信息，影响投资者对公司前景的评价，促进相关契约的签订和履行，降低公司的交易成本，盈余管理可以作为传递公司前景的信号机制发挥重要作用（Liu et al.，1997；Graham et al.，2005；Gunny，2010；Linck et al.，2013；张天西和张子余，2011）。因此，公司风险承受水平对管理层的盈余管理程度和盈余管理方式具有怎样的影响，成为十分重要的问题。

本书以前景理论、信号传递理论和交易成本理论等为基础，以2004~2013年我国上海、深圳交易所的A股上市公司数据为样本，从公司风险承受与盈余管理的关系展开研究。首先，检验了公司风险承受对盈余管理程度的影响；其次，研究了公司风险承受对应计盈余管理和真实盈余管理两种盈余管理方式的影响；最后，从公司价值的角度分析了公司风险承受影响盈余管理的经济后果。本书得出如下研究结论。

（1）公司风险承受水平越高，盈余管理程度越大。

（2）与应计盈余管理方式相比，随着公司风险承受水平上升，管理层会更倾向于使用真实盈余管理方式。

(3) 公司风险承受水平越高，盈余管理程度越大，公司价值越高。

本书的创新点主要有：

第一，本书以前景理论、信号传递理论和交易成本理论为基础，从公司风险承受与盈余管理的关系入手，深入研究盈余管理的程度和方式变化，盈余管理是公司管理层在不确定条件下作出的理性决策，能够向公司外部和资本市场传递私有信息，拓展了盈余管理动机的研究。

第二，相关文献主要从某种具体风险研究公司对盈余管理方式的选择，研究对象主要集中于存在经营风险、债务危机、发生财务重述、面临破产、退市的上市公司。本书则从除金融类公司和ST公司以外的A股上市公司的整体风险角度入手，研究公司风险承受与盈余管理方式的关系，拓展和深化了公司风险承受与盈余管理方式选择的相关研究。

由于研究方法的限制，本书的研究在以下方面存在不足。

第一，本书主要采用Roychowdhury（2006）的回归模型来综合度量公司真实盈余管理行为，涉及销售活动、生产活动和费用操纵，但未能度量公司其他真实盈余管理行为，无法全面观测公司的真实盈余管理行为。

第二，处于不同行业的上市公司，不同发展阶段的公司，风险承受水平存在较大差异，管理层采取的盈余管理程度、方式也会有所不同，对公司价值会产生不同的影响。由于研究方法的限制，本书没有在这些方面进行深入研究。

作者

2018年5月

目　录

第1章 绪　论

1.1 研究背景和研究意义

1.1.1 研究背景

（1）理论背景。

盈余管理是管理层在会计准则和法律法规允许的范围内，进行会计政策的选择或者构建一系列的真实交易调整当期报告盈余，从而影响利益相关者决策的会计行为，能够传递公司发展前景的信号，实现公司价值的最大化。上市公司的盈余管理行为研究开始于20世纪80年代，30多年来，学者们就盈余管理的动机、方式进行了深入的研究。这些研究不仅有助于推动会计理论和实务的发展，还能提高政府监管部门的监管质量。

公司风险承受是公司未来业绩的重要信号。风险承受水平上升是公司在投资决策中主动承受风险追求高额报酬的结果，有助于实现公司价值的最大化。风险承受对公司未来的发展和社会经济的增长都具有重要的作用。从公司微观层面来看，高风险承受的公司，资本性支出和创新行为较多（Coles et al.，2006；Hilary and Hui，2009），这有助于提升公司业绩、增加股东财富；公司风险承受可以带动预期收益报酬的提高、销售收入的增长、资产配置效率提高（John et al.，2008；Francio et al.，2012）。因此，公司风险承受对公司长期发展具有重要影响，已经引起学界的广泛关注。

随着公司风险承受水平的提高，以投资者为代表的利益相关者承受的风险水平也会上升（爱德华·弗里曼等，2013）。因为缺乏公司的私有信息，资本市场上的投资者会要求提高最低风险报酬率作为补偿，债权人会在契约签订或者修正时，提出苛刻的贷款条件，这些都会导致公司交易条件的恶化，交易成本上升。具有信息优势的管理层，会进行盈余平滑传递公司发展的私有信息，影响投资者的决策，缓解利益相关者之间的利益冲突，降低交易成本，盈余管理行为会随之增加。

现有文献关于盈余管理对公司价值的研究视角和研究结论存在较大差异。一类文献基于公司或者管理层的经济人假说和信息不对称理论，将高风险承受公司采取的盈余管理诠释成自利的机会主义行为，即管理层为了规避风险选择牺牲股东和公司的利益，机会主义的盈余管理损害公司价值的提升。这些文献的研究对象主要限于面对某种特定风险的上市公司，如面临财务困境、受到证监会处罚、发生财务重述、面临破产、退市的上市公司（Cheng and Faber，2008；Neffati et al.，2011；Habib et al.，2013；Chen et al.，2014；陆建桥，1999；蔡春等，2012）。另一类文献则认为，盈余管理具有提高契约效率和信号传递的动机（Holthausen，1990），盈余平滑后的盈余指标可以描绘公司长期发展的图景，降低公司与利益相关者之间的交易成本，对公司价值有正面影响。例如，Liu 等（1997）发现危险公司的会计政策的选择可以传递公司体制改善的信息，带来正面的市场反应，这种现象会在每年的第四季度出现。Tucker 和 Zarowin（2006）也发现管理层可以利用盈余管理传递价值信息，有助于投资者的决策，会带来正面的市场反应。

综观现有公司风险承受与盈余管理关系的研究，仍然存在以下不足。

第一，现有文献中关于公司风险承受与盈余管理的研究样本集中于发生亏损、存在财务困境、发生重述、面临退市和破产的上市公司，不利于对盈余管理的产生机理作出客观的分析，盈余管理是合法的会计行为，但又会影响信息使用者的决策，这一问题并没有得到合理的解释，造成理论逻辑与研究结论的不统一。

第二，越来越多的学者发现上市公司为了影响利益相关者的决策，除了使用应计盈余管理，还会使用真实盈余管理方式，但是从公司风险承受角度分析管理层如何选择应计盈余管理和真实盈余管理两种方式的实证研究相对较少。

（2）制度背景。

国资委（国务院国有资产监督管理委员会）在2006年6月下发《中央企业全面风险管理指引》，明确企业全面风险管理是中央企业一项重要工作，不仅关系到国有资产保值增值，还会影响企业的持续、健康、稳定发展。2009~2014年证监会（中国证券监督管理委员会）陆续出台多个公告，规范上市公司的风险披露要求，上市公司需要在会计年报中对风险问题作单独提示（证监会公告［2009］4号，［2010］37号，证监会公告［2011］41号，［2013］55号）。一系列政策的出台说明公司风险承受问题已经引起国资委和证监会的广泛关注，公司能否选择合适的风险承受水平对公司的发展和生存都有重要影响。早期有关风险承受的研究主要集中在个体的风险承受意愿，组织层面的研究主要集中在金融机构、保险行业。公司是最普遍的组织形式，公司的风险承受问题应该受到更多的重视，公司风险承受水平的变化会如何影响公司的微观决策行为，并产生怎样的经济后果不容小觑。

2007年的会计准则体系实施，对会计处理方法提出了更高的要求，加强了对管理层会计行为的约束（沈烈和张西萍，2007）。作为市场监管部门，证监会对上市公司信息披露的要求非常明确和严格，禁止利用会计估计变更和会计差错更正在不同会计期间进行操纵（证监会公告［2010］37号）。这些政策的出台对公司过度的盈余管理行为在一定程度上有抑制作用，但是Cohen等（2008）在美国上市公司中发现在《萨班斯—奥克斯利法案》颁布以后，应计盈余管理和真实盈余管理呈现反向替代关系，公司使用应计盈余管理的能力受到限制会导致真实盈余管理行为的增加。国内也有学者提出会计制度的强化和严格的监管可能导致公司管理层进行更多的真实盈余管理而减少应计盈余管理（龚启辉等，2015），这可能与政策制定部门进行制度设计的初衷相悖。因此管理层进行盈余管理时会如何选择盈余管理方式成为会计制度建设工作急需解决的一个关键问题。

公司风险承受和盈余管理行为受到我国政府部门和市场监管部门的高度重视，本书的研究可以更深入地挖掘公司风险承受对盈余管理的作用机理，发现公司风险承受水平的变化对公司盈余管理程度、盈余管理方式的选择具有怎样的影响，希望能为有关部门提供政策参考。

基于以上背景，本书拟以中国 A 股上市公司为研究对象，从公司风险承受的角度全面解读盈余管理的产生原因，系统研究公司风险承受对盈余管理程度的影响；利用结构方程的研究方法，考察公司风险承受对两种盈余管理方式选择的影响。本书的研究结论可以丰富盈余管理的相关研究。

1.1.2 研究意义

公司风险承受反映了公司愿意承担代价追逐高额回报的倾向，是衡量公司未来发展前景的重要信号，是促进公司绩效和资本积累的重要因素。但是盈余的波动性会降低投资者对公司前景的评价，影响相关契约的签订和执行，公司交易成本上升，管理层会进行盈余管理降低盈余的波动达到投资者的预期。公司风险承受水平不同，盈余管理程度、盈余管理的方式可能存在较大差异。因此，从公司风险承受这个视角研究管理层进行盈余管理的程度、选择盈余管理的方式，以及不同的风险承受水平和盈余管理行为对公司价值会产生怎样的影响，对于全面认识盈余管理行为，提高市场资源配置效率，加强资本市场的监管，促进会计理论本身的发展都具有重要的理论意义和现实意义。

（1）理论意义。

第一，从公司风险承受的角度研究盈余管理的产生机理。公司风险承受水平提高使公司业绩波动性加大，为了影响股东对公司风险的评价，缓解信贷契约中的摩擦，管理层会利用平滑后的盈余指标向投资者传递公司前景的信号，盈余管理的程度增加。本书从公司风险承受角度全面分析了盈余管理行为产生的原因，盈余管理是在会计准则范围内的理性行为，避免了理论逻辑与实证结论的不统一，拓展了盈余管理动机理论的研究。

第二，国内现有关于公司风险承受与盈余管理的文献主要局限在面对某种类型风险的公司，如连续亏损、发生财务重述，受到证监会处罚、破产、退市等。本书研究对象涉及深、沪两市除金融业和ST公司以外的A股上市公司，样本范围更广，研究结论更具有一般理论意义。

第三，本书从公司风险承受的视角，研究不同风险承受水平下，管理层对盈余管理方式的选择。研究发现，随着风险承受水平的提高，上市公司对盈余管理方式的选择，逐渐从易于被发现的应计盈余管理转向较为隐蔽的真实盈余管理方式，该结论对于深入研究盈余管理的监管问题有积极的意义。本书采用联立方程的研究方法研究公司风险承受与盈余管理方式的选择，弱化了现有文献研究的内生性问题，为后续研究提供了有效的检验工具。

（2）现实意义。

第一，有助于提高资本市场的资源配置效率。以会计盈余为代表的会计信息是投资者进行决策的重要依据。本书从公司风险承受与盈余管理的关系入手，深入分析盈余管理的产生机理和动机，有助于客观认识盈余管理的信号传递作用，调整后的盈余指标更能反映公司的经济价值，有助于提高投资者的决策能力，使资本流向真正绩优的上市公司，优化资本市场的资源配置效率。

第二，有助于提高上市公司财务报告质量。会计准则体系的根本目标是“真实公允反映”企业的经营状况，不论是以原则为导向还是以规则为导向，都会给盈余管理活动留下一定的空间。通过研究公司风险承受对盈余管理程度、盈余管理方式的影响以及产生的经济后果，有助于更全面、客观地评价公司的风险承受和盈余管理行为，完善会计准则的建设，进一步提高上市公司财务报告质量。

1.2 研究思路与研究方法

1.2.1 研究思路

本书主要以公司风险承受与盈余管理的关系为研究对象，研究的基本思路如图 1 –1 所示。

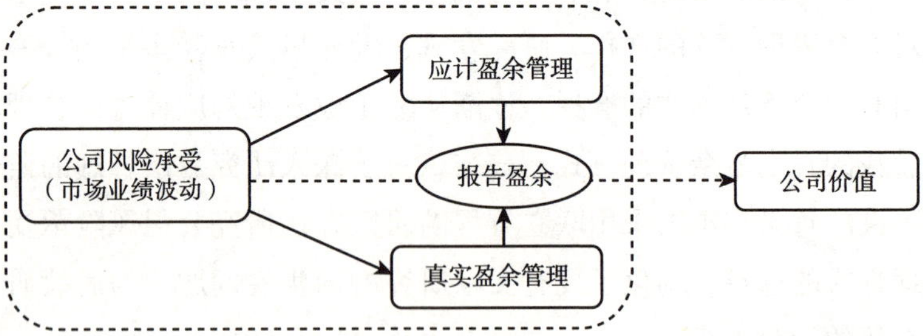

图 1 –1 研究思路

首先，在对国内外相关文献进行广泛阅读、分析和总结的基础上，以前景理论、信号传递理论和交易成本理论为基础，分析公司风险承受和盈余管理程度的关系，本书进一步分析交叉上市和公司信息环境对两者关系的影响，并验证高风险承受的上市公司进行盈余管理后的盈余的信息含量情况。

其次，分析公司风险承受对公司盈余管理方式的影响，并进一步从公司所有权性质和公司会计稳健性程度角度分析这一作用规律的特点。

最后，从公司价值角度分析公司风险承受影响盈余管理后的经济后果，证实盈余管理在公司风险承受与公司价值提升之间的信号传递作用，也从经济后果角度印证了盈余管理的正面影响。

1.2.2 研究方法

本书主要采用规范研究和实证研究的方法。

(1) 规范研究方法。

本书通过对国内外有关公司风险承受与盈余管理文献的梳理、分析和归纳，寻找公司风险承受与盈余管理研究的不足，形成研究思路，确定研究的框架和研究方法。本书用规范研究的方法界定了公司风险承受和盈余管理的内涵，结合前景理论、信号传递理论和交易成本理论，分析公司风险承受对盈余管理程度、方式的影响，并进一步分析了两者对公司价值的影响。

(2) 实证研究方法。

首先，本书利用股票市场回报率的波动性来衡量公司风险承受水平，利用修正 Jones 模型和线性回归模型分别度量公司的应计盈余管理和真实盈余管理程度；利用单因素分析法分析不同风险承受水平公司的盈余管理程度的差异，并比较这种差异的统计意义。

其次，利用多元线性回归模型研究公司风险承受与盈余管理程度的关系，并利用处理效应模型（treatment effect model）、Heckman 两阶段模型、工具变量法（2SLS）、倾向值得分匹配（PSM）等方法进行了稳健性检验。

最后，利用结构模型（联立方程）研究公司风险承受对盈余管理方式的影响，尽量缓解以往文献中的内生性问题。

1.3 研究内容

本书的研究主要分为三个部分，各部分内容如下。

第一，公司风险承受水平对盈余管理程度的影响。本书以前景理论、信号传递理论和交易成本理论为基础，理论分析并实证检验了公司风险承受水平对盈余管理程度的影响。理论分析方面，以前景理论、信号传递理论和交易成本理论为基础，本书认为，盈余管理可以减小盈余指标的波动性，迎合投资者的预期，有助于相关契约的签订和执行，降低公司的交易成本，平稳的盈余指标能够传递公司未来前景的信息，提高投资者的决策能力，对公司和以投资者为代表的外部利益相关者都是有益的，所以公司风险承受水平上升，管理层会增加盈余管理程度。实证结果支持这一结论。进一步研究发现：选择交叉上市的公司可以克服市场壁垒，有效降低融资成本，分散风险，公司的信息披露程度也更高，所以与没有交叉上市的公司相比，进行交叉上市的公司的风险承受与盈余管理程度之间的正相关关系减弱；外部治理环境对公司行为也有重大影响，在市场化程度低的地区，两者的正相关关系更强；从后果角度分析，盈余调整后的盈余指标更能反映公司的经济价值，有助于利益相关者作出决策，与公司风险承受水平低的公司相比，公司风险承受水平高的公司的盈余管理行为能够增加盈余的信息含量；当公司信息环境较好，外部利益相关者的信息获取成本较低时，公司风险承受水平与盈余管理的正相关关系明显减弱。

第二，公司风险承受水平对盈余管理方式的影响。公司风险承受水平上升，会引起政府监管部门和审计部门的更多关注，应计盈余管理方式更容易被审计部门发现和查处，管理层会更多选择隐蔽性强的真实盈余管理方式。实证结果也证实，与应计盈余管理方式相比，随着公司风险承受水平上升，管理层会更倾向于使用真实盈余管理方式。进一步研究发现，国有控股公司由于受到政府部门和审计部门的更多关注，进行应计盈余管理更容易被发现和查处，与非国有控股公司相比，国有控股公司风险承受水平上升后对真实盈余管理方式的倾向性更显著；在非国有控股公司中，小型会计师事务所审计的公司对真实盈余管理方式的倾向性更高；上市公司会计稳健性程度越高，说明公司面对的契约约束、法律诉讼风险越大。所以随着公司风险承受水平的提高，会计稳健性程度高的上市公司对真实盈余管理方式的倾向性更强。

第三，从公司价值角度研究公司风险承受水平影响盈余管理的经济后果。公司风险承受水平能够提高资产配置效率，盈余管理一方面缓解公司与利益相关者之间的利益冲突，有助于相关契约的履行，降低公司的交易成本；另一方面传递公司发展的信息，帮助利益相关者了解公司的经济价值。实证结果证实公司风险承受水平与公司价值正相关，盈余管理在公司风险承受与公司价值之间起信号传递作用，促进公司价值的提升，从信号工具的有效性来看，真实盈余管理的信号传递作用更强。

根据本书的研究内容，全书依次从文献综述、理论基础和实证研究三个层次展开，研究框架如图 1－2 所示。

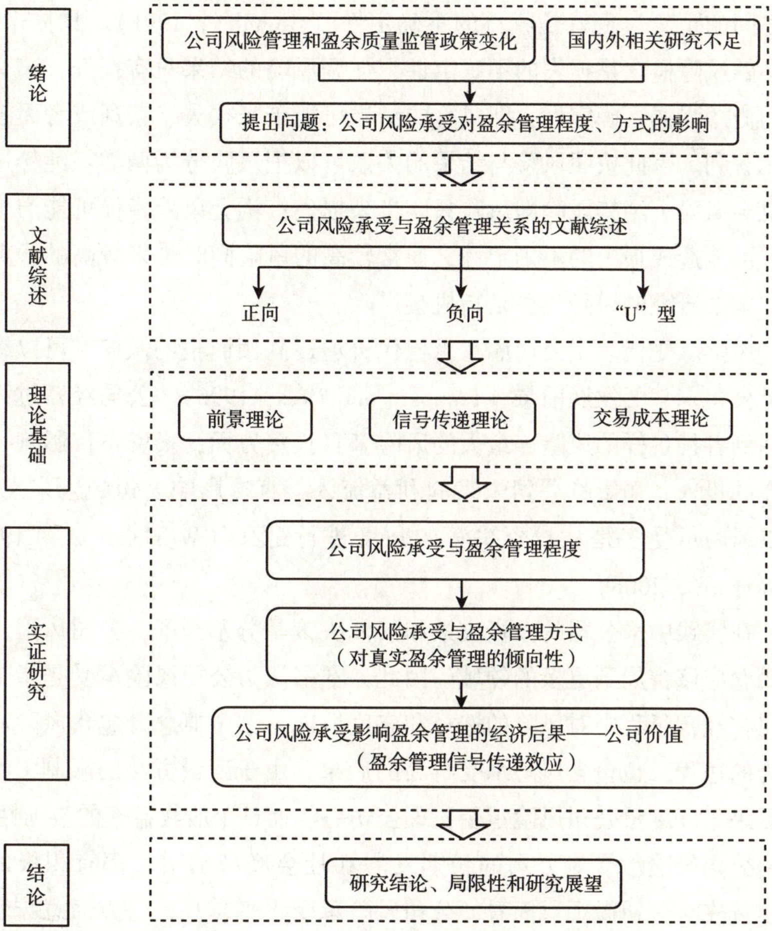

图 1－2 本书框架

1.4 关键概念界定

1.4.1 公司风险承受

风险是在一个特定时间段里，主体期望达到的目标与实际出现的结果之间的距离，也就是收益的不确定性（Bromiley，1991）。具体来说，狭义的风险概念是损失的不确定性，强调风险的结果只有损失；广义风险的概念强调不确定性，即风险的结果可能带来损失、获利或者无损失也无获利。因此按照风险与结果的关系可以把风险分为两类：纯粹风险和机会风险。纯粹风险即风险只能带来损失；机会风险指极可能产生收益也可能造成损失的不确定性，通常较高的风险同时带来较高的预期收益。本书研究的风险主要是指机会风险。

风险承受代表了公司愿意承担代价追逐高额回报的倾向，可以综合衡量公司未来的发展前景（Lumpkin and Dess，1996）。公司经营过程中会遇到各种各样的风险，最大的风险来自投资方面，投资不仅影响公司现在的投入，还影响公司未来的利益流入，直接影响公司的未来发展，所以风险承受多是从投资决策的角度进行定义（Wright et al.，1996；John et al.，2008）。

在实践中，公司的投资决策和其他决策是分不开的，公司风险承受的概念应该扩展到更多的领域。因此，本书认为公司风险承受是指上市公司在经营过程中对风险的选择和态度取向，这个概念既包含风险承受行为的过程，也包含风险承受行为的后果，由于度量方法的限制，本书从后果角度度量公司风险承受，即公司一年期日个股收益率的波动性。

公司风险承受对公司的长期发展和社会经济的增长都有积极的作用。首先从公司微观层面看，公司风险承受水平越高，一方面意味着公司倾向于选择风险高、净现值为正的投资项目，预期报酬提高，经营业绩上升，资本配置效率提高；另一方面公司的资本性支出越多，创新行为增加，促进公司可持续性的长期发展，最终实现公司价值的最大化，市场会把高风险承受识别为一种积极的决策，可以促进公司财富的增加（李文贵和余明桂，2012），提高销售收入增长率，加速公司的资本积累，提升公司的未来价值（John et al.，2008；余明桂等，2013）。其次从宏观层面看，公司低风险承受水平导致社会生产率长期处于较低的水平，公司风险承受水平提高，创新性投资越多，技术进步越快，行业的生产效率提高，有利于社会整体资源的提升，提高资本配置效率，促进经济的增长（John et al.，2008；Hirshleifer et al.，2012）。

1.4.2 盈余管理

20 世纪 80 年代中期理论界展开对盈余管理的研究，国内外的研究学者从不同视角对盈余管理给出了不同的定义。Davidson 等（1987）界定盈余管理是在 GAAP 的限制范围内，有计划地将报告盈利调整到满意的水平的过程；Healy 和 Wahlen（1999）认为，盈余管理是通过构造交易与运用会计政策的主观判断对财务报告进行修饰，从而影响利益相关者对公司真实业绩的判断；陆建桥（1999）认为，为了实现公司价值或个体价值最大化，管理层会在会计准则允许范围内进行盈余管理；Scott（2014）也认为，盈余管理是一种会计政策的选择过程，是以自身利益或者市场价值最大化为目标的会计政策选择行为；Schipper（1989）、Holthausen（1990）和 Subramanyam（1996）则认为，管理层的盈余管理是通过会计政策的选择，传递公司价值的相关信息；Barnea 等（1975）认为，盈余管理是一种信息传递机制（Signaling Device）；Tucker 和 Zarowin（2006）认为，管理层可以利用盈余管理传递公司价值信息，有助于投资者的决策，会带来正面的市场反应。还有学者从管理层进行盈余管理的目的和动机角度定义盈余管理，认为盈余管理是给企业和自己谋取私利的欺诈行为（Schipper，1989），但是动机和意图是无法观察到的东西，信息不对称使这种定义的盈余管理无法进行界定和测度。

虽然定义多种多样，但是盈余管理的本质在这些定义中趋于一致：(1) 盈余管理的主体是公司的管理层，他们可以选择盈余管理的方式和频率；(2) 客体是会计盈余数据；(3) 盈余管理是一种有目的的会计行为。在界定盈余管理定义之前，有必要先明确盈余管理的产生机理。

契约摩擦（contracting frictions）和沟通阻碍（blocked communications）是盈余管理产生的根源（Schipper，1990）。如果委托人与代理人之间不存在契约摩擦，而且他们之间的沟通是无障碍的，就不可能产生盈余管理。

契约理论认为，公司是“一系列契约的集结”，契约维系着利益相关者对公司的投入和索取的回报，这些契约的重要参数就是以盈余信息为代表的会计指标（Schipper，1989）。契约具有刚性和不完备性，无法随着经济和企业情况变化而变化，必然与现实产生矛盾和摩擦，盈余管理可以用来缓解这种利益冲突。例如，公司当年盈余信息达不到债务契约中的限制性条款，违约风险上升时（Sweeney，1994），管理层进行盈余管理可以减少契约签订方之间的利益冲突，降低契约成本，提高公司的运营效率。

盈余管理产生的另一个重要原因是“沟通阻碍”。公司的利益相关者较为分散，无法直接了解公司的经营状况，公司的管理层拥有更多的专业知识，掌握公司的私人信息，直接对外披露会面对高昂的披露成本，管理层不愿意或者不能够向公司其他利益相关者传递所有的私人信息，这就是沟通阻碍现象。管理层如果认为，公司的盈余信息不能准确反映公司业绩的时候，会利用会计准则赋予管理层的自我判断空间，传递公司的盈利能力信息，盈余管理成为传递信息的方法之一（Du Charme et al.，2004）。管理层通过会计准则赋予的弹性对盈余指标进行调节，反映出对公司未来发展的信心，调整后的指标更能反映出公司的经济价值，提高利益相关者的决策能力。

因此，本书在现有研究的基础上，将盈余管理的内涵界定为：在会计准则和相关法律制度允许的范围内，公司管理层通过会计政策的选择或是构建一系列的真实交易，对财务报告盈余指标进行调整，进而影响其他利益相关者的决策和相关契约的签订，以达到公司价值最大化的会计行为。本书认为，盈余管理可以传递公司未来发展的信号，保持公司股价稳定或者吸引更多投资者（Grammatikos and Sauders, 1990；Liu et al.，1997，Linck et al.，2013），有助于提高利益相关者的决策能力。

盈余管理概念界定清楚之后，本书有必要进一步明确两个相关概念：盈余管理程度和盈余管理方式。盈余管理程度的研究是作为盈余管理动机和手段的研究结论出现的。盈余管理程度即盈余管理的频率（多少公司进行盈余管理）和盈余管理的幅度（盈余被改变了多少）（吴联生和王亚平，2007），本书主要针对公司层面的盈余管理程度进行研究，即主要研究盈余管理的幅度，从度量方式上主要利用应计盈余管理和真实盈余管理回归模型结果的绝对值表示（王福胜等，2014）。

盈余管理方式即进行盈余管理的手段，现有研究发现盈余管理的方式已经不仅囿于会计政策的选择，主要包括两类。

一类是应计项目操纵，指管理层在会计准则允许的范围内，利用会计政策的选择改变当期报告的盈余指标。从长期来看，应计盈余管理不会改变公司的收益，只是通过会计政策将应计利润在不同期间进行调整，达到影响当期收益的目的，本期调整的盈余会在未来期间转回。度量方法上分为总体应计利润法和具体应计利润法。总体应计利润法是利用应计利润中的可操纵性应计利润度量盈余管理，现有文献中经常使用的模型有 Healy 模型（Healy，1985）、琼斯模型（Jones，1991）、修正的琼斯模型（Dechow et al.，1995），前瞻性琼斯模型（Dechow et al.，2003）、绩效配比模型（Kothari et al.，2005）和转回模型（Dechow et al.，2012），国内的研究中有琼斯扩展模型（陆建桥，1999）。具体应计利润法是基于某类需要职业判断的应计项目进行，如坏账准备（Mc-

Nichols and Wilson, 1988)、索赔损失准备（Gaver and Paterson, 2007），但是这种方法常用于某个行业的研究，如银行业的贷款损失准备，保险公司的索赔准备等，难以在大多数行业推广使用。

另一类是构建真实交易，即通过关联方交易、操纵费用、资产重组、签订股权回购协议、出售资产和有价证券等改变公司的现金流，进而达到调整报告盈余的目的。美国著名的会计学家 Schipper（1989）最早考虑了盈余管理中的真实盈余管理，他认为通过安排投融资项目的时间可以调整公司的报告盈余。Healy 和 Wahlen（1999）在对盈余管理的定义中明确提出了构造交易活动的说法。在计量模型上，Roychowdhury（2006）首次利用销售交易、费用操控和生产操控来衡量公司总体的真实盈余管理活动，并指出真实盈余管理是指通过降价促销、放宽信用政策、削减研发支出和管理费用、加快生产降低成本等措施直接影响公司当期的经营性现金流，达到调整当期盈余的目的。还有文献使用具体某项交易行为来衡量真实交易活动，如关联方交易（孟焰和张秀梅，2006）、回购股票（Hribar et al.，2006）以及出售固定资产（Herrmann et al.，2003）等。

还有文献发现，公司会通过改变损益表上核心项目的分类进行盈余管理，如转移生产成本、营销费用等。这种方法假定利益相关者能够识别不同盈余指标代表公司不同的经营前景，变更分类的处理不会改变公司当期盈余结果，只会增加主营业务利润指标，影响利益相关者的预期（Fan et al.，2010）。

1.5 本书主要创新与不足

1.5.1 本书创新

公司风险承受水平的上升，可以带动预期收益报酬的提高，资产配置效率提高，公司价值得到提升（John et al.，2008），促进公司的长期发展。公司风险承受水平上升所带来的不确定性，会影响投资者对公司的评价和相关契约的签订与执行，公司交易成本上升，管理层的盈余管理行为增加。本书对公司风险承受与盈余管理行为的关系展开研究，深入探讨公司风险承受水平对管理层盈余管理程度、盈余管理方式的影响以及产生的经济后果。本书的创新点主要体现在以下几个方面。

第一，本书以前景理论、信号传递理论和交易成本理论为基础，从公司风险承受与盈余管理的关系入手，深入研究盈余管理的程度和方式变化，盈余管理是公司管理层在不确定条件下作出的理性决策，能够向公司外部和资本市场传递私有信息，拓展了盈余管理动机的研究。

第二，相关文献主要从公司某种具体风险，研究公司对盈余管理方式的选择，研究对象主要集中于存在经营风险、债务危机、发生财务重述、面临破产、退市的上市公司。本书则从除金融类公司和ST公司以外的A股上市公司的整体风险角度入手，研究公司风险承受与盈余管理方式的关系，拓展和深化了公司风险承受与盈余管理方式选择的相关研究。

1.5.2 本书研究不足

由于研究方法的限制，本书的研究存在以下几个方面的不足或是有待进一步研究的地方。

（1）本书主要采用Roychowdhury（2006）的回归模型来综合度量公司真实盈余管理行为，涉及销售活动、生产活动和费用操纵，但未能度量公司其他真实盈余管理行为，无法全面观测公司的真实盈余管理行为。

（2）不同行业的公司风险承受水平存在差异，公司风险承受水平在不同行业对盈余管理程度、方式可能产生不同的影响，对公司价值的影响也会有区别；公司风险承受与盈余管理的关系在公司的不同发展阶段呈现怎样的特征，这些研究对于全面理解两者关系具有重要价值，由于受到研究方法和时间的限制，本书没有在这些方面进行研究。

（3）本书还可以进一步研究高管的个性特征，如个人能力对公司风险承受水平以及盈余管理行为关系的影响，但是由于数据搜集困难，因此没有就这个角度进行研究。

第2章 文献综述

公司的风险承受水平会直接影响管理层进行盈余管理的动机、方式和程度，由于研究视角和衡量标准的差异，现有文献的研究结论并不统一。本书从公司风险承受对盈余管理的不同影响角度对国内外文献进行分类归纳。

2.1 公司风险承受刺激盈余管理（正向）

“风险承受”最早起源于企业家的特征表现，企业家勇于冒险追求超额回报，所以早期有关的研究主要集中在个体的风险承受意愿，组织层面的研究主要集中在金融机构、保险行业。近年来，公司层面的风险承受问题引起了国内外学者的广泛关注。公司是最普遍的组织形式，公司风险承受问题应该受到更多的重视。公司风险承受首先表现为在公司的投资决策中，管理层倾向于选择高风险、高预期收益的投资项目，公司在经营过程中会面临各种各样的风险，所以这种对风险的选择态度体现在公司各种决策中，公司风险承受应该是公司总体决策的综合表现，会受到管理层个体、公司层面和宏观制度层面的共同影响。所以，这三个方面的因素都对公司风险承受水平产生作用。

管理者个体特征方面，已有研究发现管理者的心理认知，如过度自信，会影响个体的风险偏好，更倾向于选择高风险净现值为正的投资项目，会增加公司的风险承受水平（Baker and Wurgler，2011；余明桂等，2013）。另外，管理者的受教育水平，如公司的CEO的受教育水平的高低与公司风险承受水平正相关（王永海和周为，2013），高管的金融教育背景也会提高公司风险承受水平（Minton et al.，2011）。从管理者性别和年龄等特征来看，与男性管理者相比，女性管理者更加谨慎保守，由女性管理者管理的公司的风险承受水平普遍偏低（Fassio et al.，2011）；而管理者年龄越大，更加保守，公司的风险承受水平越低（Peltomäki et al.，2015）；Carpenter（2003）利用高科技的公司作为样本发现，管理者如果具有国际化的经历，上市公司会选择更高的风险承受水平。

公司治理方面，近年来从公司治理视角研究风险承受问题逐渐增多，有效的公司治理机制能够平衡不同利益集团间的利益冲突，从而促进公司选择合理的风险承受水平。

首先，董事会结构越复杂，成员背景越多样化，公司在项目的选择上更加保守和谨慎，公司风险承受水平下降（Harjoto et al.，2015）；董事会规模越大，内部代理问题可能越严重，集体决策的效率反而下降，公司风险承受水平也会下降（Pathan，2009），但是Nguyen（2012）在日本企业的样本中，却发现由于本土文化影响，董事会成员之间的差异小，规模越大的公司风险承受水平会上升；董事会成员中独立董事的比例、独立董事的金融背景等因素都会影响公司风险承受水平（Morck et al.，1988），独立董事能够更加客观地评价项目对公司价值的影响，提高公司风险承受水平。

其次，Koerniadi等（2014）发现，公司股权制衡能够提升公司内部的监管水平，进一步提升公司风险承受水平；大股东的存在会影响公司的决策，大股东由于自身投资分散，风险偏好较强，会选择高风险的项目谋求超额收益，公司风险承受水平会上升，大股东也可能为了确保个人利益，选择比较保守的项目，降低公司风险承受水平，但是多个大股东互相制约又会提高公司的风险承受水平；在股权结构中，机构投资者比一般投资者具有更强的信息搜集能力，所以机构投资者持股比例越高，公司风险承受水平越高，外资投资者的比例也与公司风险承受水平正相关；在管理层激励方面，有效的激励可以提升管理层的风险偏好，促使管理层和股东利益趋向一致，因此管理者的薪酬结构直接影响公司风险承受水平：股权薪酬与公司价值挂钩，会提高公司的风险承受水平（Coles et al.，2006；Hagendorff and Vallascas，2011），但是固定的货币薪酬部分与公司风险承受水平负相关（Wright et al.，2007）；李文贵和余明桂（2012）发现股权性质也会影响公司风险承受行为，非国有控股公司比国有控股公司风险承受水平要高（Nguyen，2012），所以，国有上市公司民营化后，公司风险承受的水平会进一步提高。

宏观环境与制度因素方面，公司风险承受水平具有顺周期性。宏观经济处于增长阶段，外部对公司发展有较高的增长预期，公司的风险承受水平更高；经济处于衰退时期，公司的投资决策会更加保守，风险承受水平下降（Mclean and Zhao，2014）。从制度因素来看，债权人保护制度越完善，公司的债权人权利越大，会影响公司的投资决策，公司的风险承受水平越低（Chava and Roberts，2008；Acharya et al.，2011）；相反，完善的投资者保护制度可以抑制管理层从公司谋取私利的机会，缓解代理矛盾，所以投资者保护程度与公司风险承受水平有正相关关系（John et al.，2008）；内部控制制度的增强，如萨班斯法案的颁布，强化了公司内部的治理机制，明显降低了公司风险承受的水平（Bargeron et al.，2010）；公司所得税税率的降低也会提高公司风险承受的水平（王永海和刘惠玲，2013），这种效应在国有控股公司中更加明显；从资本市场角度看，外部投资者的情绪高涨也会提高公司风险承受水平（Habib and Hasan，2015）。

综上，管理层个体特征、公司微观行为和中观制度、宏观环境都会导致公司风险承受水平上升，从而影响管理层的盈余管理行为。本书将这类文献从进行盈余管理具体原因进行分类对国内外文献进行梳理。

2.1.1 经营业绩波动

公司经营不善，业绩下滑，盈余波动增大，管理层会使用盈余管理、盈余平滑等行为调整盈余，此类文献对盈余管理的度量也从简单的会计政策的改变逐步发展到用模型估计公司整体的盈余管理活动。

Elliott 和 Shaw（1988）利用 240 家公司的数据发现，为了解决业绩不佳，增长率下降，资产回报率为负，回报率明显低于行业平均水平的问题，公司会主动提取资产减值准备；盈余平滑也可以暂时缓解盈余波动较大的现象。这与 Lanen 和 Verrecchia（1987）的研究发现一致。

资本市场对公司经营出现盈利和亏损的反应是不对称的，Burgstahler 和 Dichev（1997）基于前景理论中资本市场上投资者对盈亏不一致的风险偏好和明显的损失厌恶，首次利用“阈值”对盈余管理的频次和程度进行研究，发现出现亏损的公司会用应计项目进行盈余管理使盈余达到微利，造成公司盈余在“零盈余”这个阈值两侧分布的频次存在显著差异。Brown（2001）利用 1984 ~ 1999 年连续 16 年间的数据进一步研究发现，为了迎合资本市场上持续盈利和避免亏损的预期，公司盈余在“零盈利”附近有一个向右转移的趋势，未预期盈余从微亏变成微利。

Skinner 和 Sloan（2002）发现，资本市场对股票的未预期收益的反应是不对称的，对负的未预期收益反应更大，公司管理层为了避免负的未预期盈余，会大量操纵公司盈余。

银行业是承受风险较高的特殊行业，Fonseca 和 González（2008）利用 40 个国家的跨国数据研究银行贷款准备金的盈余平滑行为时，发现银行承受风险越高，盈余波动越大，管理层会进行更多的盈余平滑。

Neffati 等（2011）利用美国 1994 ~ 2001 年 222 家企业数据进行实证分析发现，公司风险包含总体风险、财务风险和经营风险，不管哪种风险都对盈余管理行为有正向影响，其中盈余管理用操纵性应计项目作为代理变量。

经营业绩不好的公司进行盈余管理时还会考虑公司所处宏观环境的影响，Habib 等（2013）研究发现，如果经济环境和市场对公司预期较低，出现困境（亏损）的公司比状况良好的公司更倾向于向下进行盈余管理，这种效应在全球金融危机时期更加剧烈，盈余管理程度具有明显的顺周期性（陈武朝，2013；王红建等，2015）。

从管理层角度来看，业绩发生波动，管理层出于自身影响力和声誉的考虑，会选择合适时机进行盈余管理，如 Pourciau（1993）发现新任的高管为了提高自己的职业影响力，会在继任当年向下调整盈余，在次年向上调整盈余，而 Kaplan 和 Ravenscroft（2004）发现管理层会利用盈余管理行为提高声誉。

国内学者的研究结果提供了更多关于盈余管理方式和方向的证据。

公司业绩不好或者波动过大，管理层为了保持业绩不下滑甚至呈现增长，吸引投资者的关注，会增大盈余管理的程度或者向上进行盈余管理（朱红军，2002；王永海和徐琴，2016）。王亚平等（2005）在微盈企业中发现了盈余管理行为的存在性，他们利用“阈值”概念研究中国上市公司盈余管理的频率和幅度，上市公司盈余管理的目的主要是避免亏损，他们发现 1996 年以及 2001 ~ 2003 年间的盈余管理的频率和幅度较高。石军（2011）也在中国上市公司样本中发现，公司的营销收入波动越大，经营风险越高，为了提高投资者的投资兴趣，公司会利用应计项目提高盈余信息。

高雷和张杰（2009）从大股东资金占用的角度进行分析，发现大股东占用资金进行非法“掏空”后，企业出现亏损，陷入业绩困境，上市公司越可能向上进行盈余管理，尽可能拖延坏消息的发布时间。

赵春光（2006）发现，上市公司发生亏损时会主动选择转回或计提资产减值，具体来说计提资产减值是为了进行大洗澡（big bath）向下操纵盈余，而资产减值转回是为了避免亏损。

张昕和杨再慧（2007）发现，中国上市公司为了避免亏损，会选择在第四季度进行操纵调高盈余，或者调低盈余为下一年度作准备，利润表上的各个线下项目更容易受到操纵。进一步研究发现：出现亏损的上市公司如果有望扭亏，会利用应计项目调高盈余；如果扭亏无望，会利用应计项目调低盈余，增加以后年度的盈利可能性（张昕，2008）。

刘斌等（2003）还发现，管理层会同时使用两种盈余管理方式，为了提高经营性现金流，大幅度减少真实盈余管理的程度；为了增加当期盈余，大幅度增加应计盈余管理的程度。

申慧慧（2010）在研究环境的不确定性对盈余管理的影响时，发现环境的不确定性会增大公司报告盈余的波动性，管理层会积极进行正向的盈余管理，盈余管理程度增加。

销售业绩的下降，还可能影响到管理层的变更，出于对职业前景的忧虑，管理层的盈余管理活动增大。杜兴强和周泽将（2010）发现，高管离职前和新任高管入职后都存在明显的盈余管理，尤其是变更职位的管理层主要进行向下的盈余管理。在此基础上，林永坚等（2013）从应计盈余管理和真实盈余管理角度分别进行研究，发现在管理层变更当年，只会进行应计盈余管理，在变更以后年度，会同时进行两种盈余管理，如果总经理和董事长都发生变更，盈余管理程度增大更多。

2.1.2 过度投资

这类文献认为公司增加研发投入，选择具有正净现值投资项目能够促进公司发展，提高公司价值；但是由于投资结果的不确定性，投资决策失误等原因，投资效率没有达到预期要求，管理层会利用盈余管理掩饰投资的低效；公司的过度投资行为，还会带来盈余的波动加大，公司风险水平上升，管理层会利用平滑缩小这些波动。

Barton（2001）利用财富 500 强公司 1994 ~ 1996 年的数据研究发现，研发费用越高的公司，成长机会也越多，但隐含了较高的经营风险，管理层越有可能利用操纵性应计项目进行盈余管理。

McNichols 和 Stubben（2008）利用 1978 ~ 2002 年上市公司的大样本

发现，存在过度投资行为的公司会有大量的盈余操纵行为。但是样本限于被 SEC 会计违规调查、被大股东进行会计政策不当诉讼或发生会计报表重述的公司，把操纵性收入作为盈余管理代理变量，这与 Neffati 等（2011）和 Dechow 等（2011）的研究结论一致。

Chu 和 Song（2012）利用 196 家马来西亚上市公司数据发现存在过度投资行为的公司里，过度投资的低效率会严重影响管理层的当期收益，管理层会利用应计项目进行盈余管理，提高自身的薪酬待遇。

Di（2014）利用美国数据发现了更多关于盈余管理方式的证据，以 1992～2011 年的美国公司数据为样本，发现过度投资的企业会利用盈余管理掩饰低效率的投资，但是这种现象只存在于管理者任期超过 3 年的企业，管理层进行盈余管理时不仅会选择应计项目，也会选择真实交易的盈余管理方式。

从管理层激励的角度，有效的激励可以提升管理层的风险偏好，促使管理层和股东利益趋向一致，股权薪酬与公司价值挂钩（Coles et al.，2006；Hagendorff and Vallascas，2011），管理层获得的股权和期权会改变管理者的风险偏好（Armstrong et al.，2013），公司风险承受水平提高。

Cheng 和 Farber（2008）利用 1997～2002 年发生财务重述的上市公司数据研究发现，这些公司的管理层持有的股份和价外期权发生显著下降，说明过高的股权和期权会激励管理层承担更高的风险，选择风险更高的投资项目，当这些投资不能产生正的净收益时，股票收益波动加大，经营业绩下滑，管理层会利用盈余管理粉饰业绩的下滑。

Grant 等（2009）研究发现，高管的股权激励可以改变高管的风险偏好，增加管理层选择高风险投资项目的可能性，公司整体风险水平会随之升高，尤其是在异质性风险高的公司，为了分散风险，降低风险的固有成本和对报表数据的影响管理层会大量使用盈余平滑手段。

管理者的性别、年龄、教育背景都会影响公司的投资选择，进而影响公司的风险承受水平（Fassio et al.，2011；Peltomaki et al.，2015；王永海和周为，2013），如 Barua 等（2010）研究 CFO 性别与应计质量的关系时发现，CFO 的性别差异会导致决策差异、应计项目质量不同，说明管理层的性别会导致公司各种投资决策的风险水平差异，公司的风险水平越高，公司的应计项目质量越差，也就是应计盈余管理越多；Armstrong 等（2013）研究管理层激励和报表错报的关系时，发现对管理层的激励分为两种效应——财富效应和风险效应，而股东财富对股价波动（股价风险）的敏感度可以改变管理层的风险偏好，管理层的敏感度越高，对高风险项目的厌恶度越低，就会更多选择高风险的项目，同时管理层为了降低自身风险会更多利用应计项目操纵盈余，实现自身利益最大化。

国内的研究中有代表性的文献有：

何威风和刘启亮（2010）以 2003 ~ 2007 年发生财务重述的上市公司为样本，研究发现，高管的性别、年龄、知识结构会影响公司的战略选择。男性比重越高，越可能选择高风险的决策，发生财务重述的可能越大；高管越年轻，在投资决策中表现得越自信，财务重述比重越高。但是他们认为高管教育水平越高，多元化分析能力越强，越不会发生财务重述。沈鹏（2009）还发现，公司的 CFO 薪酬与盈余管理程度正相关。

许罡和朱卫东（2010）以上市公司中 2007 ~ 2008 年披露研发支出的公司为研究对象，发现公司的研发投入越高，管理层越倾向采用研发支出资本化，管理当局在投资风险较高的情况下，利用研发费用资本化的方式进行盈余管理。

李彬和张俊瑞（2013）利用中国上市公司数据，以投资活动的获取渠道作为切入点，发现上市公司如果投资过度，为了增加现金流，会减少真实盈余管理；为了增加当期盈余，会增加应计盈余管理，存在着两种盈余管理方式的“合谋”。

2.1.3 债务困境或债务违约

Schipper（1990）提出契约摩擦和沟通阻碍是盈余管理产生的根源。

契约理论认为公司是“一系列契约的集结”，契约维系着利益相关者对公司的投入，这些契约制定的重要参数就是以盈余信息为代表的会计指标（Schipper，1989）。契约的刚性和不完备性，无法随着经济和企业情况变化而变化，必然与现实产生矛盾和摩擦，管理层利用盈余管理可以暂时缓解这种利益冲突（宁亚平，2004）。

公司负债比率增加，财务风险、债务违约风险、破产风险等都会增加，这类文献主要从债务规模、债务结构、债务期限结构等角度研究公司风险与盈余管理的关系。

Watts 和 Zimmerman（1990）提出的债务契约假说认为，公司的债务水平越高，契约约束越强，管理层越有可能选择向上增加收入的会计政策，避免违背债务契约，说明公司债务规模越大，财务风险越高，违约风险也越高，管理层会进行向上的盈余管理活动。但是 DeAngelo 等（1994）以持续亏损的在纽约证券交易所上市的 78 家公司为样本发现，出现财务困境的公司会选择会计政策故意降低收益。

DeFond 和 Jiambalvo（1994）发现，债务契约的限制性条款对公司的会计政策的选择有很大影响，在债务到期和到期的前一年，异常的总应计项目和营运成本应计项目显著为正，说明债务即将到期，管理层会进行盈余管理，暂时缓解债务契约中的限制。Neffati 等（2011）在该研究的基础上进一步发现，公司债务水平越高，管理层越会利用盈余管理调高盈余。

Fama 和 French（1989）发现，公司负债比率上升时，会选用更加谨慎的股利支付政策。但是当公司选择了风险较大的投资计划时，公司负债比例下降又会伴随股利支付增加，说明随着公司风险的上升，管理层有意识选择对公司最有利的会计政策，进行盈余管理。

Roychowdhury（2006）利用 1987 ~ 2001 年的美国上市公司数据，发现随着公司债务水平的上升，管理层会利用折扣促销、过度生产、操纵费用等真实交易进行盈余管理。

在这些研究的基础上，国内文献针对中国具体的制度环境展开进一步研究。

张玲和刘启亮（2009）利用1999～2004年的上市公司数据验证了债务契约假说，他们在中国的制度背景下，进一步研究公司所有权性质和治理环境的影响发现：由于国有控股公司的债务约束弱化，在国有控股公司里负债水平对盈余管理没有明显影响；国内的治理环境无法遏制内部人谋取私利的行为，只能起到威慑作用，在市场化程度高、治理环境好的地区，这种威慑作用更强，负债水平与应计盈余管理的正相关关系更强。

李增福等（2011）同时从应计项目和真实交易两个方面研究盈余管理和债务契约的关系，发现公司债务水平越高，财务风险越高，两种盈余管理程度越高。进一步按照公司所有权性质划分样本发现：国有企业的债务水平只影响真实盈余管理，非国有企业的债务水平对应计和真实盈余管理都有正的影响。吴联生等（2007）和张昕和杨再慧（2007）在中国市场上也有同样的发现。

公司债务结构中债务期限对公司行为形成不同的约束，新增的长期借款对盈余管理程度的影响不明显（陆正飞等，2008）。但是刘芹（2012）发现公司负债的期限直接影响盈余管理：长期贷款规模越大，公司管理层进行应计盈余管理的程度越大。

从债务融资成本来看，陆宇建（2003）和李延喜等（2007）都发现债务水平高的公司，进行债务融资的成本上升，为了克服融资约束，利用盈余管理暂时降低再融资成本。

2.1.4 公司高成长性

成长性高的公司往往承受更高的风险（John et al.，2008），现有的文献也会从公司成长性的角度研究公司风险承受与盈余管理行为的关系，盈余管理的方式主要有应计盈余管理、变更收益分类等。

Jones（1991）最早发现，预期未来成长机会较高的公司，更倾向于运用操纵性应计项目进行盈余管理。

McVay 等（2006）发现，高成长性的公司会通过改变损益表上核心项目的分类来达到分析师的预测，如转移生产成本、营销费用等。这种处理不会改变最终盈余结果，但是会增加主营业务利润，影响利益相关者对公司经济价值的预期。

国内在这方面的研究文献较少，比较有代表性的文献有：

石军（2011）利用2004~2006年的中国上市公司样本研究公司成长性与盈余管理关系时发现，公司在追求高报酬和高成长机会的时候，必定承担一定的风险，管理层会通过操纵性盈余向上调整盈余，盈余管理程度越高。

柳畅（2011）从公司成长性变化角度进行研究，公司成长性的突然降低意味着公司发展遇到“瓶颈”，公司破产风险增加，同时信贷难度增加，竞争处于劣势，经营业绩进一步下降，管理层向上进行盈余管理的可能性增加。

罗琦和王悦歌（2015）通过研究发现，高成长性的公司通过真实盈余管理可以有效降低公司的权益资本成本，但是低成长性的公司进行真实盈余管理会使权益成本上升。高成长性公司的真实盈余管理行为可以传递公司发展的信号。

2.1.5 监管制度（破产、ST处置或退市）

这类文献认为，公司一旦接近政府监管部门制定的制度“门槛”，如公司破产、退市的刚性规定，会选择应计盈余管理行为快速扭转困境（Healy and Wahlen，1999）；Rosner（2003）以发生破产的公司为样本进行研究，发现这些公司在破产三年前都利用向上盈余管理掩饰公司已经存在的财务困境问题。

尤其在中国，资本市场监管严格，一直实行申请审批制度，上市资源稀缺，上市公司一旦连续亏损会面临“ST”处理，连续亏损还会被“摘帽”退市，公司进行盈余管理的动机强烈（陈晓和戴翠玉，2004）。Chen等（2012）在中国资本市场上发现，中国的上市公司为了避免退市的威胁或者政府的监管压力会向上调整盈余。

国内的这类研究也非常丰富：张田余（1998）对22家扭亏的公司（包含15家1996年首次亏损、7家1995～1996年连续亏损的上市公司）进行详细的案例研究，发现这些公司为了避免“摘牌”和连续亏损会使用多种方式：巨额冲销、重组受益、补贴收入、会计政策变更、出售资产和关联交易等，资产减值准备中的存货跌价准备科目也成为主要手段。陆建桥（1999）和靳明（2000）也有同样的发现。

为了应对制度“门槛”的压力，公司进行盈余管理的方式也呈现一定的规律。陈亮（2012）搜集我国A股发生ST的上市公司2006～2010年的数据，发现ST公司迫于退市的压力，亏损第一年会向下进行盈余管理，亏损第二年会进行向下盈余管理，扭亏的那一年会进行大幅度向上盈余管理，民营企业和高管制行业的公司盈余管理的程度更大。

肖成民和吕长江（2011）从上市公司第四季度盈余指标分布变化的视角，发现上市公司前三个季度的盈余指标逼近退市或者再融资的监管阈值时，在第四季度上市公司明显实施了盈余管理行为。

蔡春等（2012）利用2004～2015年被特殊处理的A股上市公司的数据，发现濒死企业利用应计和真实盈余管理实现“摘帽”，发现不同的盈余管理方式隐性化程度不同，改善公司状况的作用大小不同。

中国创业板的推出为高科技企业融资提供了机会，但是进入“门槛”较低，高科技公司竞争激烈，普遍存在投资风险高和退市风险大等问题。谢柳芳等（2013）针对2012年的《创业板上市规则》中的退市制度，发现创业板的上市公司存在显著的盈余管理行为：制度出台前，主要进行应计盈余管理；制度出台后，主要是真实盈余管理，以销售操纵为主，应计盈余管理减少。

2.1.6 行业监管

商业银行是受到严格管制的金融企业，也是风险承受相关文献关注的主要对象。银行的资本充足率低于管制要求说明银行的流动性风险较高，会招致严重的后果，银行普遍存在盈余平滑行为，而且地方银行持股公司比金融中心银行持股的公司平滑行为多（Greenawalt and Sinkey，1988；Grammatikos and Sauders，1990），银行还会采用贷款损失准备（Laeven and Majnoni，2003；Barth，2004）、贷款转销、投资利得和损失进行盈余操纵（Stulz，1990；Beatty et al.，1995；Bikker and Metzemakers，2005），还发现面临资本充足率监管要求的商业银行会同时利用改变交易活动的时间、程度和应计项目来操纵盈余。

Collins 等（1995）研究发现，投资收益也是商业银行进行盈余管理的灵活手段，在经营业绩不好的时候，会主动卖出盈利的投资项目，经营业绩好的时候，会多进行一些投资。

Petroni（1992）在保险公司内也有同样的发现，财力不足并且存在资本充足率监管风险的财产保险公司，会采用少提理赔损失准备的方式规避监管风险，尤其是“接近”监管界限的保险公司更加明显。

国内的学者也对高风险银行采取的盈余管理方式展开了深入的讨论：赵胜民、翟光宇和张瑜（2012）基于市场约束的理论从我国上市商业银行股票交易的角度出发，研究发现如果商业银行风险加大，股票交易的波动会促使管理层进行盈余管理，避免融资成本上升，但是盈余管理不是为了提高资本充足率，也不是通过投资收益进行盈余平滑，主要是利用贷款损失准备进行盈余平滑，尤其是股份制银行。

2.1.7 传递私有信息

盈余管理产生的另一个重要原因是“沟通阻碍”。公司的利益相关者较为分散，无法直接了解公司的经营状况，公司的管理层拥有更多公司的私人信息，直接对外披露会面对高昂的披露成本，盈余管理成为传递信息的方法之一（Du Charme et al.，2004）。

高风险承受的公司，为了影响利益相关者对公司风险的认知，描绘公司未来发展的前景，会利用盈余管理传递公司私有信息，帮助利益相关者进行决策，这一点不仅在 Graham 等（2005）的问卷调查中得到证实：近 90%的受访者相信盈余管理后的盈余指标达到预期能够创造公司在资本市场的信用，近 75%的受访者认为盈余指标可以传递公司发展的美好前景，在其他学者们的实证研究中也得到证实。

Grammatikos 和 Sauders（1990）研究发现，商业银行在经营不顺利的情况下，为了严格满足监管要求，会通过盈余管理避免盈余的波动，向外界投资者和利益相关者传递经营业绩良好的信号，降低融资成本，求得自身利益最大化。

Liu 等（1997）发现，接近最低资本率的银行（危险银行）使用应收账款准备政策可以传递公司体制改善的信号，市场给出正面反应；非危险银行的坏账准备政策会带来负面市场反应。这种现象主要在第四季度出现，因为有审计师审计保证信号的真实。

Linck 等（2013）研究发现，存在财务约束的公司如果发现有价值的投资项目会利用操纵性应计项目向外传递可信的正向前景信号，使公司能够筹集资本进行投资。Linck 等利用存在财务约束但应计操纵低的公司作为控制组，证明存在财务约束的公司可以利用应计盈余管理缓解约束，投资有价值的项目，增加企业价值。

国内学者对盈余管理的信号传递作用研究较少，李莉等（2013）以 2007~2010 年披露研发支出的上市公司为样本，发现当年发生的资本化研发支出可以拉动公司业绩的增长，向利益相关者传递了真实的信号；王福胜等（2014）发现，应计盈余管理帮助公司满足“盈余阈值”可以影响利益相关者的决策，对公司未来业绩有正面影响，而真实盈余管理对公司业绩有负面影响；罗琦和王悦歌（2015）发现，真实盈余管理后的盈余指标可以传递公司发展的信息，影响投资者的决策，降低公司的权益资本成本。

2.2　公司风险承受抑制盈余管理（负向）

前述文献都认为公司风险承受与盈余管理行为是正相关的线性关系，还有一些文献提出监管观点，认为债务水平高的公司面临的债权人或者外部监管者的监管和控制随之增加，管理层很难进行盈余管理，两者之间是负相关的线性关系。

Chung 等（2005）选择 1984～1996 年的 22576 个数据研究发现自由现金流高的公司会利用增长收益的应计项目弥补低盈余或者是负盈余，但是六大审计师事务所（Big 6）和外部机构投资者会调节减弱两者的关系。

Rodríguez-Pérez 和 Hemmen（2010）在西班牙上市公司的调查样本中也发现公司债务水平高会抑制管理层向上的盈余管理，他们进一步发现在多元化经营程度低（透明度高）的公司这种负向关系更加明显，但是在多元化经营程度高（透明度低）的公司中，债务水平对盈余管理行为的影响会变成正向。

国内相关文献的研究更加深入，国内的学者发现不仅是债务水平，债务期限结构也会影响盈余管理行为。陈俊和张传明（2010）基于监督假说在中国上市公司中也发现：债务融资规模越大，面对银行的监督越强，企业越可能进行向下的盈余管理，盈余管理程度显著降低，延长债务期限对盈余管理行为没有影响，但是这种关系仅存在于上期向上进行盈余管理的公司。

还有文献从债务结构角度继续进行研究，雷强（2010）研究银行监督力度和借款人盈余管理关系时，发现贷款规模的增加会抑制借款人的盈余管理行为，起到监督的作用，但是贷款的其他方面如贷款类型、抵押等没有显著性影响。

杨继伟等（2012）将公司债务划分为短期和长期两类：短期债务偿

债风险较高，短期债务规模扩大会促使管理层增加盈余管理；长期债务偿债风险较小，规模的扩大反而会抑制管理层的盈余管理行为。

卢太平和张东旭（2014）从公司融资行为的两个方面，即融资约束和融资需求研究对盈余管理的影响，发现融资需求大的公司应计和真实盈余管理程度都会增加；融资约束大的公司可能需要更大程度的盈余管理行为才能保证业绩达到借款的条件，更容易被发现，所以公司会抑制盈余管理程度；当融资约束和融资需求都存在的时候，对盈余管理的需求更大，更容易被发现，盈余管理程度会降低。

但是少量文献的实证结果没有发现两者的显著关系，Beneish（1999）以被 SEC 处理的高估盈余的上市公司为研究对象，结果显示被处理的公司和没有被处理的公司在违约风险上并不存在差异。

2.3 "U"型关系

这类文献多从债务契约的角度研究公司风险承受与盈余管理，研究发现公司风险承受和公司盈余管理行为之间不是单调的，而是呈现先负向后正向的"U"型关系。

Ghosh 和 Moon（2005）发现债务水平较低时，债务增加带来的监管压力会抑制盈余管理；债务水平升高时，债务的增加又会刺激管理层进行应计盈余管理，公司债务水平与盈余质量不是简单的线性关系，而是"U"型关系。

国内的学者也有所发现，江金锁和胡焱鑫（2010）认为，行业管制引发的银行风险对银行盈余管理的影响存在两种观点：一是公共利益观，严格的行业监管会对商业银行形成有效约束，银行会自觉降低盈余管理程度；二是管制俘获观，行业监管部门众多，管制中由于利益的驱动反而放松了对银行的约束。他们利用 37 家上市银行 2004 ~ 2008 年的数据，证实银行风险对应计盈余管理程度存在非线性的关系。

薄澜等（2013，2014）也发现，不管是应计盈余管理还是真实盈余管理，随着公司债务规模的上升都会呈现先下降后上升的变化，进一步从公司所有权性质来看，这种非线性的关系在国有控股公司中更加显著。

2.4 总结评述

综上所述，相关文献从不同的视角来研究公司风险承受与盈余管理两者的相互关系，研究角度、范围、方法和结论不尽相同，为我们更好地理解公司风险承受对盈余管理的作用机理奠定了基础，也为我们进一步探讨公司风险承受对盈余管理程度、盈余管理方式的影响提供了新的研究视野。然而，这一领域的研究仍然存在一些不足。

第一，相关文献多从公司面对某种具体风险展开研究，研究对象集中于经营业绩不佳、债务违约、被证监会处罚、发生财务重述、破产、ST或者退市的公司，样本范围具有局限性，甚少文献从公司整体风险承受角度研究公司的盈余管理行为并提供实证证据。盈余管理研究的主要难点在于从盈余管理的产生机理去挖掘盈余管理可能造成的经济后果，并且要在具体情景中进行研究，才能解决理论逻辑与经验研究的不一致，并找出更多的经验证据。

第二，相关文献发现高风险承受的公司进行盈余管理的选择很多，包括资产减值、巨额冲销、重组收益、补贴收入、会计政策变更、出售资产和关联交易、改变股利支付政策、研发费用资本化等，但是从公司风险承受水平角度同时研究盈余管理活动方式选择的文献较少。国外文献的研究认为，两种盈余管理方式之间存在替代的关系。但是基于我国目前的资本市场环境下，公司进行应计盈余管理的空间还比较大，公司会如何选择盈余管理方式还需要进一步研究。

第三，以往研究从多个维度度量盈余管理，包括重述、证监会处罚公告、具体会计政策选择、会计项目重新分类、盈余平滑和达到预测目标等，这些变量只能度量盈余管理某个方面，牵涉的样本量不具有普遍性，不能全面代表盈余管理，这也可能导致不一致的结论。

第四，公司风险承受的度量指标存在一定缺陷，如果利用公司的某项决策行为进行度量，如资本支出、负债比重等，虽然比较直接和简单，但是只能反映公司某个方面的风险倾向，相对来说，盈余波动性和个股回报率的波动性用于度量公司风险承受水平较为全面和客观。

第五，现有研究多基于公司或者管理层的经济人假说和信息不对称理论，将公司承受风险时采取的盈余管理诠释成自利的机会主义行为，用来掩盖业绩不佳、财务困境、濒临破产、退市以及保护管理者的职业生涯和声誉等。随着我国资本市场的日趋成熟和投资者保护制度的建立，市场的信息不对称程度有很大改善，公司的自利行为只能缩短公司寿命，盈余管理行为的存在仍然没有得到很好的解释。从盈余管理的产生机理去分析盈余管理行为，才能真正解决理论逻辑与实际情况的不一致，并提供更多的实证证据。本书认为，有必要更深入地挖掘公司风险承受上升后进行盈余管理的动机，拓展盈余管理动机的理论，丰富现有领域的文献。

因此，本书将深入研究公司风险承受对盈余管理程度、盈余管理方式的影响以及导致的经济后果，力图丰富现有的文献。

第3章　理论基础

本书主要研究的是公司风险承受水平对盈余管理程度、盈余管理方式的影响，前景理论、信号传递理论和交易成本理论是本书研究的基础。本章就这些基本理论进行介绍和简单评述。

3.1　前景理论

前景理论是20世纪70年代由美国学者Kahneman和Tversky（1979）提出的风险条件下的决策行为分析理论。这个理论通过心理学与行为经济学的结合，突破了期望效用理论的研究局限，已经成为不确定性条件下的决策行为分析的经典范式。

本书主要研究公司风险承受水平对管理层盈余管理行为的影响，就是研究在不确定性增加条件下上市公司如何利用盈余管理影响投资者行为的问题。行为经济学把经济行为界定成：行为主体在多重决策动机和不确定偏好的条件下，利用认知不断调整效用期望的过程。尤其在不确定性的条件下，行为主体的决策过程更加复杂。Kahneman和Tversky（1979）提出的前景理论突破了期望效用理论的研究局限，能够较好地分析个体的风险决策。

前景理论（prospect theory）将决策过程分为编辑和评估两个阶段，编辑阶段就是初步分析各种可能的结果，进行简化；评估阶段就是对编辑的结果进行评价，作出决策。这个决策过程受到两个方面的影响，价值函数和权重函数，这两个方面也是该理论的核心内容。前景理论用数学表达式为：

$$V = \sum_{i=1}^{n} \pi(P_i) v(x_i)$$

表达式显示不同选择的结果比较有两个决定因素：一是价值函数 $[v(x_i)]$，即与决策者内心的参考点比较出现收益或损失的函数，这是由决策者的主观感受形成的价值。首先主观感受的形成有一个参考点(reference point)，这个参考点可以是行为主体的现有或预期财富水平；其次价值函数是与参考点比较形成的获利或者损失的结果，结果不同，决策者的风险偏好也不一样。与参考点比较发生收益结果时，行为主体表现明显的风险厌恶；与参考点比较发生损失结果时，表现为风险追逐，而且对损失更加敏感（图3－1），即图3－1中左侧的曲线比右侧曲线陡峭得多。二是权重函数（$\pi(P_i)$），即针对事件发生概率内心确定的主观的决策权重函数是关于事件概率的单调增函数，具有自身的特点：主体对不确定性进行评价时，对客观的小概率事件给予较高的心理评价，对客观的大、中概率事件给予较低的心理评价（图3－2）。

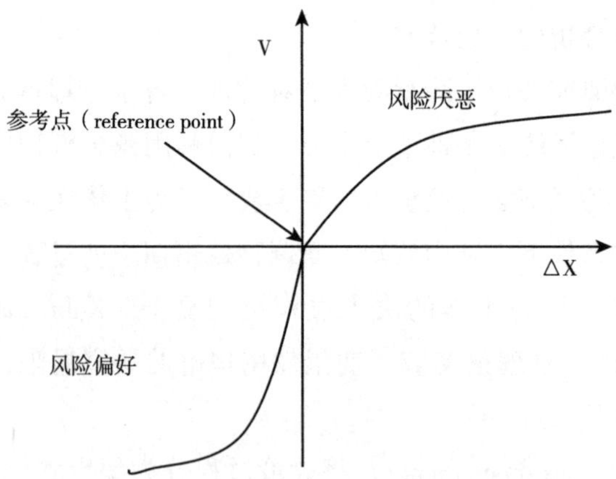

图3－1　前景理论价值函数

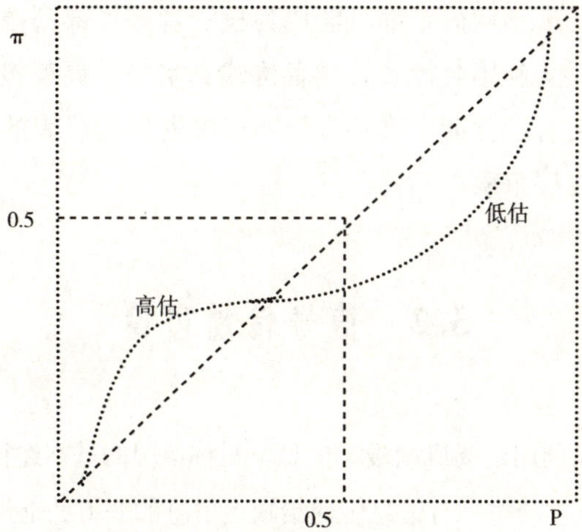

图 3－2 前景理论权重函数

综上，前景理论的主要结论有：(1) 与内心参考点相比获利时，行为主体会表现为风险厌恶，因此投资者倾向于获利了结；(2) 与内心参考点相比发生损失时，行为主体表现为风险追逐，因此投资者愿意承担更大风险，尝试挽回损失；(3) 参考点的变化可以改变行为主体的风险偏好；(4) 损失规避，大部分行为主体对损失结果比对获利结果更加敏感，效用函数对于获利是凹的，对于损失是凸的；(5) 行为主体对大、中概率事件，认为其发生理所当然，会低估其决策的权重，对小概率事件会高估其决策的权重。

因此，前景理论能够很好地解释管理层进行盈余管理的动机和程度，为本书的研究提供了理论基础。根据前景理论，决策者的价值或者效用是根据其内心的某个参考点来确定的，这个参考点是相对财富水平而不是绝对财富水平。决策者对损失和获得的态度是不对称的，面对损失决策者会更加敏感（损失规避）。上市公司风险承受水平上升，盈余指标波动性增大，管理层一旦报告了不利的消息，投资者的效用下降更快，反应更加剧烈，公司股价会受到更大的影响。管理层会主动迎合投资者的期望，从会计上来说，以往年盈余为基础的盈余增加或者以分析师预测为基础的未预期盈余都可能成为投资者等外部利益相关者的内心参考点，管理层会利用会计政策或者构建真实交易调整报告的盈余，迎合外部利益相关者的预期，进一步影响以投资者为代表的利益相关者的决策，为公司发展争取空间。

3.2 信号传递理论

信号传递是利用市场机制缓解信息不对称情况的基本途径之一，指拥有私有信息的一方主动将私有信息传递给缺乏信息的一方，能够有效降低私有信息的搜集成本，降低双方的交易成本，促使市场的帕累托改进实现。

信号传递理论是由 Michael Spence 在 1974 年提出的①，他通过建立一个劳动力市场模型描述了信号传递理论的主要思想。在 Spence 的经典模型里，由于雇主事先不清楚员工的劳动能力（交易双方信息不对称），雇佣过程就像是投资者在进行赌博，不到最后一刻永远不知道选择是否正确。雇主主要是根据员工的个体属性进行劳动能力辨别确定雇佣与否及薪酬水平，但是这些个体属性有些是固定的（如性别、种族、年龄等指标），有些是变动的（如穿着打扮、教育水平等信号），这些属性都是雇主估计员工劳动能力概率分布状况的参数。求职者会主动传递关于自身劳动能力的信息，教育水平就是求职者传递的一个强信号，由于劳动能力低的员工也会主动传递信号甚至传递虚假的信号，混同于劳动能力高的员工，员工存在操纵信号传递的动机，如果不能正确识别信号，缺乏信息的一方和拥有充足信息的一方都会发生损失。Spence 提出这个信号是否有效取决于信号的成本是否和员工的劳动能力成反比，即员工劳动能力越低，进行信号传递的成本越高。

---

① Spence M，1974．Market Signaling：Information Transfer in Hiring and Related Screening Process．Cambridge：Harvard University Press．

信号传递理论被广泛应用于多个领域。财务学界的研究始于Ross（1977），他在Spence的劳动力市场模型基础上，设计了一个参数激励方案，发现负债水平是公司向外传递自身价值信息的一个信号，并且指出信号传递工具有效必须有四个性质：（1）稳定性，管理层总是积极发出真实的信号；（2）不可模仿性，信号传递成本高昂，很难被业绩差的公司模仿；（3）相关性，信号要与可观察的事件相关；（4）不可替代性，其他方式能够传递同样质量信息但是成本更高。目前的研究结论中，信息不对称的情况下，公司可以用于向外界传递私有信息的常见信号主要有：利润宣告、股利宣告、融资宣告。

信号传递理论从信息不对称的角度解释管理层进行盈余管理的动机，为本书分析公司风险承受影响盈余管理程度的作用机理提供了理论基础。平稳化的盈余指标可以描绘公司未来发展的图景，传递私有信息，盈余管理成为有效的信号机制，克服私有信息无法有效沟通的阻碍，对公司价值有正面影响。由于利益相关者非常关注公司的经营状况，如债权人为了减低自身风险，会在信贷契约中设置各种限制性条款——公司的速动比率、负债比例等。因此，以盈余信息为代表的会计信息成为契约制定和履行的重要依据，盈余指标的波动性增加会影响投资者的决策，增加公司的交易成本。根据信号传递理论，管理层作为信息优势方可以利用调整后的盈余指标向利益相关者传递公司未来发展的信息，达到降低交易成本的目的。信号传递效应的发挥有两个关键的问题：首先，如果传递的信息不是真实的，盈余管理进行信号传递的成本会越高，管理层会慎重选择盈余管理，充分考虑并仔细权衡之后才会实施盈余管理（Tan and Jamal，2006）；其次，如果信号不能被识别，信号的传递方和接受方仍会遭受损失，管理层会慎重选择不同的盈余管理方式。

3.3 交易成本理论

“交易成本”概念是由Ronald Coase（1937）提出的，在《企业的性质》（1937）中有这样的描述：交易成本是“通过价格机制组织生产的最明显的成本，就是所有发现相对价格的成本”，包含市场上发生的每笔交易的谈判和签约的费用以及利用价格机制存在的其他方面的成本。科斯突破了新古典经济学把企业作为生产函数的思维模式，指出企业和市场都是组织的形式，企业权衡不同的交易成本会选择企业或者市场，即企业的边界就是内部交易成本与外部交易成本相等。交易成本理论的根本论点就是解释企业的本质和边界问题。

国外学者基于交易成本的概念进行广泛深入的研究，代表人物是威廉姆森（Oliver E. Williamson）。威廉姆森在1975年将交易成本简单划分为搜寻成本、信息成本、议价成本、决策成本、监督成本、违约成本。1985年进一步将交易成本划分成两类：事前的交易成本，主要指签约、谈判、保障契约等成本；事后的交易成本，主要指契约不能适应所导致的成本、讨价还价的成本等。并明确指出影响交易成本的因素主要是：有限理性、投机主义、不确定性和复杂性、专用性投资、信息不对称、气氛（交易双方的信任）。

交易成本理论有两个重要假设：一是盈余指标可以影响公司与利益相关者之间的交易条件，盈余指标越高，公司越能争取到优惠的交易条件；二是利益相关者与公司进行协商时，通常会以往年盈余、分析师预测值作为参考标准。

交易成本理论从契约角度较好地解释了管理层进行盈余管理的动因，为本书分析公司风险承受影响盈余管理程度提供了理论基础。公司风险承受水平上升带来的不确定性，会对股东和债权人的决策产生影响。资本市场上的投资者会提高对最低风险报酬率的要求，作为承担风险的补偿，债权人会提出更严格的契约条件和限定性条款，都会导致公司的交易成本上升。由于会计盈余指标为代表的会计信息是股东和债权人进行决策的重要依据，管理层进行盈余管理的动机强烈。调整后的报告盈余指标能够迎合利益相关者的预期，帮助公司争取优惠的契约条件，降低公司的交易成本，盈余管理行为产生。根据交易成本理论，一方面，盈余指标直接影响公司与利益相关者之间的交易条件，盈余指标越高，公司与利益相关者之间的交易条件会越有利，管理层可以利用调整后的盈余指标争取有利的交易条件，达到降低交易成本的目的；另一方面，管理层将公司的价值用调整的盈余描绘出来，能够降低对方的信息搜集成本，也可以达到降低交易成本的目的。

3.4 市场分割理论

市场分割理论也称为市场分隔理论，有两个层面：国外市场分割和国内市场分割，它最早是由 Culbertson 在 1957 年提出：由于市场的非有效性和投资者的有限理性，可以将具有不同期限的债券市场完全分隔，由于不同市场的法律体系、投资者偏好和风险等因素存在差异，投资者的资金不能无成本地在不同市场上转移，不同市场上的价格由各自市场上的供需状况决定。因此资本市场并不是一个统一的完美的市场，不同市场上，股票价格存在差异，融资成本也存在差异。

分割的不同市场的价格差异可以从四个方面进行解释：(1) 不同市场信息不对称的情况存在差异；(2) 不同市场的流动性存在差异，交易成本也存在差异；(3) 市场上不同投资者的需求函数存在差异，需求弹性较高的投资者会要求更高的风险溢价；(4) 不同市场的投资者风险偏好存在差异，因此对同样的投资机会对风险的容忍度不同。

而选择交叉上市的公司可以打破这种市场壁垒，分散公司风险。在不同地区上市的公司会承担不同的信息披露责任，接受监管程度存在差异，选择交叉上市的公司的风险承受水平对盈余管理行为的选择存在较大差异。

3.5 利益相关者理论

利益相关者理论是20世纪60年代在英、美国家中逐步发展起来的一种与传统的股东利益至上的相反的公司管理理论。弗里曼（Freeman，1984）在《战略管理：利益相关者管理的分析方法》中明确提出利益相关者的概念："能够影响一个组织目标的实现或者能够被组织实现目标过程影响的人。"① 利益相关者包含公司的股东、债权人、雇员、客户等交易对象，还包括政府部门、监管部门、社区、媒体等。利益相关者理论认为，一个公司的发展离不开各利益相关者的投入或参与，公司追求的是利益相关者的整体利益。

弗里曼按照与公司的远近关系将利益相关者分为三类：所有权利益相关者、经济依赖性利益相关者和社会利益相关者（图3－3）。如果按照弗里曼的界定方法，影响公司目标实现的群体和公司目标实现过程中影响的群体都是公司的利益相关者，将所有的利益相关者作为一个整体来研究很难得到令人信服的结论。为了提升利益相关者理论的实际应用，也为了推进公司价值满足各个利益相关者的诉求，Freeman、Harrison和Wicks（2007）将利益相关者划分为两类：直接利益相关者和间接利益相关者（图3－4）②。

利益相关者理论的发展经历了三个阶段：第一阶段是利益相关者影响公司的生存；第二阶段是利益相关者影响公司的经营活动或者公司的经营活动影响利益相关者；第三阶段是从公司的专用性资产的角度认为，利益相关者由于对公司的专用性投资承担了公司的部分风险，资产

① 邓曦东．基于利益相关者理论的企业可持续发展战略研究［M］．北京：中国水利水电出版社，2013：29.

② ［美］爱德华·弗里曼，杰弗里·哈里森，安德鲁·威克斯，拜德安·帕尔马，西蒙娜·科莱．利益相关者理论现状与展望［M］．北京：知识产权出版社，2013：20.

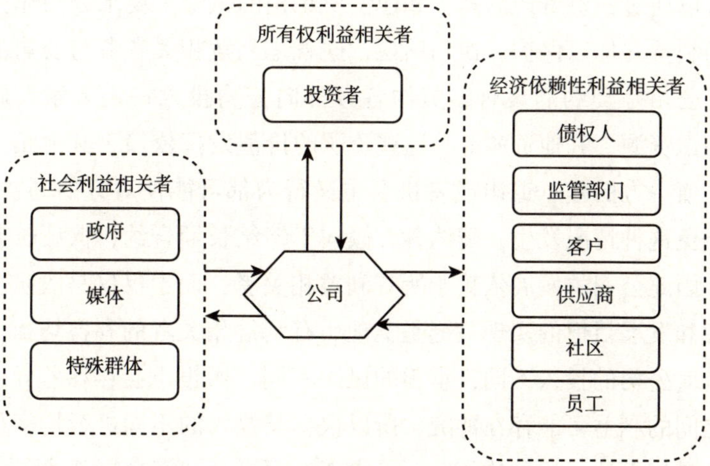

图3-3 公司与利益相关者关系

专用性越强，承担的风险越高。

所以，公司中不是只有股东才承担风险，而且股东可以通过投资的多样化分散自身的风险，其他利益相关者如债权人、员工、供应商、社区等都可能通过显性契约或者隐性契约成为剩余风险的承担者，利益相

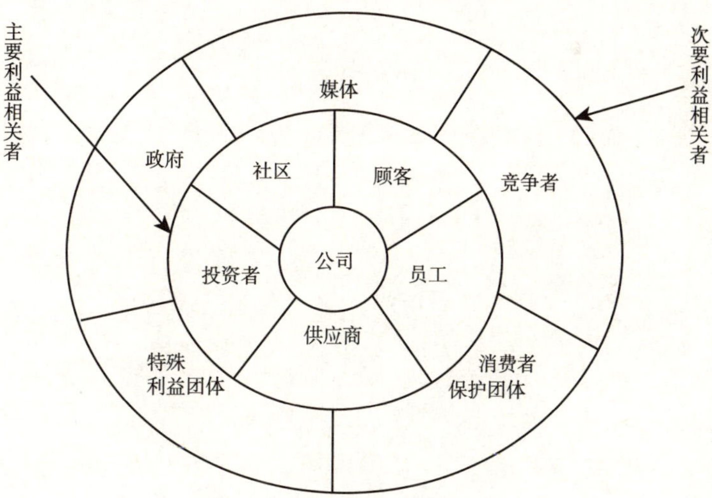

图3-4 为利益相关者创造价值

关者可以通过投资资产的多少和他们所承担的风险来要求公司充分考虑他们的利益并加以保护，换句话说，这就是利益相关者参与公司治理的依据。公司是契约的集合，契约各方都向公司投入一定要素：财务资源、知识资源、其他资源等，这些资源的价值发挥依赖于其他相关的资源，任何一方的随意退出或者机会主义行为都可能使对方的利益受损，为了避免这种情况发生，契约各方倾向于缔结长期合约，保证长期性的补偿。因此公司的发展依赖于所有利益相关者，而不仅仅是股东。公司的治理和发展目标的实现关键是实现所有利益相关者的利益均衡，利益相关者对公司的投入不同，承担的风险不同，回报也会存在差异，而且相互之间的利益可能存在冲突，所以根据其投入的不同进行均衡是协调冲突的最好办法。这种均衡并不是常态，而是公司管理层努力的一种状态，这样才能有效配置公司资源，实现公司价值的提升。

第4章　公司风险承受与盈余管理程度

在前文相关文献综述和基础理论评述基础上，本章主要研究公司风险承受水平对公司盈余管理程度的影响，并进行实证检验。

4.1　问题提出

公司风险承受水平直接影响公司的盈余管理程度（Burgstahler and Dichev，1997；Rosner，2003；Neffati et al.，2011）。如Neffati等（2011）研究发现，当公司盈余业绩下降时，管理者为了维护企业形象、强调管理能力、吸引投资者等目的，盈余管理程度增加；Rosner（2003）和Habib等（2013）的研究也表明，公司陷入财务困境或者面对退市、破产等压力时，经常会利用大量操纵性盈余扭亏为盈。

但是也有文献提出不同的观点，公司承受风险高面临的债权人或者其他外部监管者的监督和控制增加，管理层很难进行盈余管理，两者呈现负相关的关系。如Rodríguez-Pérez和Hemmen（2010）发现，公司债务水平越高会面对债权人越严格的监管，管理层很难进行增加收益的应计盈余管理，在多元化经营程度高（透明度低）的公司这种负向关系更加明显；陈俊和张传明（2010）基于监督假说在中国上市公司中也发现：债务融资规模越大，面对银行的监督越强，企业越可能进行向下的盈余管理，盈余管理程度显著降低；雷强（2010）研究银行监督力度和借款人盈余管理关系时，发现贷款规模的增加会抑制借款人的盈余管理行为。

现有文献的研究结论并不统一，究其原因：首先是对公司风险的度量指标存在差异，债务水平、财务困境、盈利水平下降均不能全面、客观衡量公司承受的风险；其次是没有从盈余管理的产生机理分析盈余管理行为，从而造成理论逻辑与研究结论的不统一。因此，本章主要围绕以下问题展开：第一，公司风险承受影响盈余管理行为的机制是什么？盈余管理程度发生怎样的变化？第二，上市公司面对的资本市场环境变化是否影响两者的关系？第三，盈余管理程度变化会对盈余信息产生怎样的影响？第四，公司信息环境的好坏是否对其产生影响？

4.2 理论分析与研究假设

公司风险承受水平主要表现为市场业绩（股票回报率）和账面业绩（盈余）的波动性。公司风险承受水平上升，波动性增大，受到以投资者为代表的利益相关者的广泛关注。

从股东角度来看，随着公司风险承受水平的提高，股票回报率的波动性变大所带来的不确定性，导致潜在的投资者进行投资决策时会提高对最低风险报酬率的要求，作为承担风险的补偿，从而使公司的资本成本上升。由于盈余指标具有事前评价的功能，为了改变股东或者潜在的投资者对公司经营业绩和风险水平的看法，管理层有动机进行盈余管理，并通过平稳的盈余指标来传递公司成长或者未来前景看好的信息。此时的盈余管理成为公司与资本市场进行私有信息沟通的有效机制。信号传递理论认为，管理层比外部利益相关者掌握更多的信息，如果当期盈余不能反映公司的实际价值，可以在合理的范围内通过会计政策的选择和真实交易的构建，将要沟通的信息通过调整后的盈余表达出来，实现有效的沟通，这样做还能减低利益相关者的信息搜集成本，达到降低交易成本的目的。这对公司和利益相关者都是有益的。Liu 等（1997）利用银行业的样本，发现资本接近最低法定资本的公司（危险公司）利用计提坏账准备可以传递公司体制改善的信息，引起正的市场反应，其他公司进行坏账准备的提取就会引起负的市场反应。Tucker 和 Zarowin（2006）也发现，利用应计项目进行平滑的公司可以向市场传递更多的信息，市场也给予了正面的反应。

从债权人角度看，公司或者公司股东向银行等金融机构贷款时，需要进行实物资产抵押、股权质押或者其他组织和个人担保，其中股权质押就是以随时可以换价的上市公司股份作为担保手段，由于比不动产、动产或其他权利在设定担保方面更加方便而成为重要的抵押形式。作为质押品的股权价值会受到被质押的公司经营状况的很大影响（谭燕和吴静，2013），进而影响信贷合约的签订和执行。因此，上市公司市场回报率或者盈余波动性的增加，会直接影响信贷契约的签订和履行，上市公司可能无法争取到优惠的贷款条件或者无法建立契约关系。从契约本身来看，由于有限理性和信息不对称情况的存在，契约都具有刚性和不完备的特征，无法反映宏观环境和公司经营情况的变化，在公司与债权人签订的契约中，债权人为了降低风险，往往规定了限制性条款，如规定最低限度的速动比率、资产负债比率等，所以盈余信息为代表的会计信息成为契约的重要组成部分，也就成为监督契约履行、评价契约执行效果的主要手段，公司绩效的波动可能导致契约关系的破裂，公司重新修订契约的成本更高。管理层进行盈余管理调整当期的盈余指标可以促进契约的有效履行，平衡公司与债权人之间的利益冲突，对公司和债权人都具有保护的作用。

根据前景理论，决策主体面对损失和获得的敏感程度是不对称的，面对损失时，决策者的效用下降更快（对损失更加敏感）。上市公司风险承受水平上升，盈余波动性加大，如果管理层公布了不利消息，资本市场上的投资者反应会更加剧烈，导致公司股价下滑。投资者的损失和获得的判定是根据内心的相对财富水平（某个参考点）来判断，这个参考点通常是零盈余、往年盈余或者是分析师预测，管理层有强烈的动机将波动的盈余调整到参考点，避免利益相关者效用函数下降的这种情况，保证公司的发展。

总之，盈余管理是公司高风险承受后的一种理性决策（王永海和胡芬，2015）。一方面可以达到投资者的预期，满足信贷契约中的限定性条款，降低公司与其他利益相关者的交易成本；另一方面平稳的盈余指标可以传递公司发展前景看好的信息，克服私有信息无法有效沟通的障碍，实现利益相关者与公司的双赢。

综上所述，公司风险承受水平提高，盈余或者市场回报的波动性增加，管理层会利用较为平稳的盈余指标去影响市场参与者对公司业绩的看法，传递公司发展的私有信息，同时缓解信贷契约限定性条款与公司实际状况的摩擦，保证契约的顺利执行，因此，盈余管理程度增大。基于此，本章提出第一个假设。

假设1：公司风险承受水平与盈余管理程度呈正相关关系，随着公司风险承受水平的提高，公司的盈余管理程度增加。

市场分割假说（风险报酬假说）认为，不同国家之间存在着市场分割壁垒，主要是在信息不对称、流动性差异、投资者偏好等方面存在较大差异，尤其是发达国家和新兴市场国家之间的市场差异更大。

选择交叉上市的公司可以打破这种市场壁垒，降低融资成本，提高自身价值，分散公司的风险。如美国以外的公司宣布在美国股票市场上市后，公司股价明显上升；Lins 等（1999）发现，在纽约交易所和纳斯达克交易所进行海外上市的公司，投资者对其现金流量的敏感度降低，公司的资本成本下降，可以有效地解决公司高风险承受带来的交易成本上升问题。潘越和戴亦一（2008）也发现，在内地和香港双重上市的公司，实现双重上市之后资金的流动性增强，再融资的频率和金额显著上升。

保证假说（bonding hypothesis）认为，选择交叉上市的公司许诺将承担更严格的信息披露责任，接受更加严格的监管，更好地保护全部股东的权益，可以一定程度上限制内部交易（Stulz，1999）。从另一个角度来看，内部人从公司获得的个人利益越少，将会有更多的投资者以较高的价格购入股票，公司风险也可以在众多投资者中得到分散。由于发达国家资本市场上的投资者保护程度更高，投资者对公司风险的容忍度更强，风险偏好更强。

交叉上市也解决了国外投资者的信息不对称问题（蒋义宏，2002a，2002b），公司能够吸引更多的投资者，同时发达资本市场监管更加严格，解决了信息披露的问题和安全隐患（Merton，1987），制度更健全、信息更透明的市场环境能够给国内投资者和公司的利益相关者更大的信心，对公司进行的盈余管理行为的识别能力更强，Lang 等（2004）研究发现，在美国交叉上市的非美国公司比没有交叉上市的非美国公司的盈余管理行为更少。据此，本章提出第二个假设。

假设2：与只在国内上市的公司相比，同时在海外交叉上市的公司风险承受水平与盈余管理程度的正相关关系不显著。

外部治理环境对公司决策行为也有重要的影响，Leuz 等（2003）进行了31个国家的跨国研究，实证检验关于投资者保护与公司操纵盈余管理关系的两个假说①，结论支持转移假说，投资者保护制度越完善，公司的盈余管理动机越弱。Gul 等（2009）利用48个国家的跨国数据研究法律制度及法律执行力度与盈余管理的关系，发现法律制度不健全和法律执行力度弱的国家，公司进行应计盈余管理的程度更高，而且法律体系越不健全，债务水平与盈余管理的正相关关系越强。

现阶段中国的资本市场还不成熟，政府在经济发展中仍然充当了重要的角色，国内上市公司虽然都处于统一的大环境下，但是上市公司所处地区不同，各地区市场化进程、政府干预程度和法制化水平等方面都

① 两种假说分别是转移假说和惩罚假说。转移假说认为完善的投资者保护制度限制了管理层转移资源的能力，降低了其进行盈余管理的动机，投资者保护制度的完善程度与盈余管理负相关；惩罚假说认为完善的保护制度下，相应的惩罚措施反而激励管理层利用盈余管理隐藏他们的掏空行为，投资者保护制度与盈余管理程度正相关。

存在很大差异（樊纲和王小鲁，2003，2007）。政府干预带有明显的惩罚和震慑功能，会影响市场机制的运行，法制化水平不健全更会造成公司行为的扭曲（张玲和刘启亮，2007），在公司风险承受水平上升时会引致更严重的惩罚后果和市场反应，因此公司利用盈余管理进行信号传递和规避惩罚的动机会更强。据此，本章提出第三个假设。

假说3：在市场化进程低、政府干预多和法制化水平低的地区，上市公司风险承受水平与盈余管理的正相关关系更强。

管理层由于受到代理成本、诉讼风险（Baginski et al.，2002）或者专有成本（Berger and Hann，2007）等原因的影响，不愿意通过媒体、电话、会议等明确的方式传递公司发展的私有信息，更倾向于用一种含蓄的方式，如调整后的盈余指标进行信号传递。公司风险承受水平上升后，盈余管理调整后的盈余指标更能反映公司价值，有助于利益相关者的决策，市场也给予正面的反应。Schipper（1989）认为，盈余管理可以增加会计盈余的信息含量；Dechow（1994）研究发现，应计项目有较高的潜能传递公司业绩，尤其是异常性应计项目具有更多的价值相关性（Louis and Robinson，2005），Liu 等（1997）发现，银行业中接近最低资本率的公司利用会计政策的变化可以传递私有信息，带来正的市场反应，没有承受风险的公司使用同样的会计政策只能带来负的市场反应；Tucker 和 Zarowin（2006）也发现，盈余平滑提高了投资者对公司未来盈利能力的预期后，股票报酬会对报告盈余的反应增加。因此，公司风险承受水平上升导致的盈余管理行为，可以对外传递公司发展前景的私有信息，盈余管理行为会增加盈余的信息含量。据此，本章提出第四个假设。

假设4：与公司风险承受水平低的公司相比，公司风险承受水平高的公司的盈余管理行为能够增加盈余的信息含量。

与公司分散的外部利益相关者相比，公司管理层具有信息优势。Jenson（1993）认为，公司管理层能够决定或控制给予外部利益相关者的信息内容和时机。公司风险承受水平上升，管理层会用调整后的盈余传递有关的私有信息，当公司信息环境较好时，外部利益相关者获取信息的成本降低，获取信息的渠道更多，外部利益相关者对私有信息的识别能力更强，公司管理层通过盈余管理进行信息传递的动机会降低，公司风险承受与盈余管理程度的相关关系会减弱。据此，本章提出第五个假设。

假设5：上市公司信息环境好（外部利益相关者的信息获取成本低），公司的风险承受水平与盈余管理程度的正相关关系会减弱。

4.3　研究设计和样本选择

4.3.1　研究设计

（1）公司风险承受水平的衡量。

盈余管理行为会影响公司当期的财务指标，利用财务指标的波动性表示公司风险可能导致严重的内生性问题①。本书利用市场指标即年化个股回报率的波动性来表示公司风险承受水平（Bargeron et al.，2010）。

$RISK_{i,t}$：i公司t年风险承受水平（i股票考虑现金分红再投资的日个股回报率的标准差），即公司时长1年的日个股回报率的波动性②，计算波动性时，先对公司的个股回报率（Return）按照当年公司回报率的中位数进行调整，然后计算公司调整后的个股回报率（adjReturn）的标准差，取值越大，公司风险承受水平越高。

$$RISK_{i,t} = \sqrt{\frac{1}{T}\sum\nolimits_{n=1}^{T}(adjReturn_{i,t,n} - \frac{1}{T}\sum\nolimits_{n=1}^{T} adjReturn_{i,n})^2}$$

① 以往文献用于衡量风险承受的财务指标主要有：（1）盈余的波动性（Boubakri et al.，2011，王永海和刘慧玲，2013）；（2）负债比率（Fassio et al.，2011）；（3）资本性支出（Coles et al.，2006）。

② 波动性计算时采用年份滚动的方法，如2004年的波动性反映2000～2004年的标准差，2005年的波动性反映2001～2005年的标准差，以此类推。

$$adjReturn_{i,n} = Return_{i,n} - medianReturn_{i,n}$$

（2）盈余管理程度的衡量。

——应计盈余管理程度（ADA）。Dechow、Sloan 和 Sweeney（1995）提出的 Jones 修正模型计算残差能够有效识别应计盈余管理。本书利用截面修正 Jones 模型对样本数据分年度分行业进行回归，估计模型参数，如果当年某行业用来估计模型的公司数量不足 5 个则删除。

$$\begin{aligned} & TACC_{i,t}/A_{i,t-1} \\ & = \beta_1(1/A_{i,t-1}) + \beta_2[(\Delta REV_{i,t})/A_{i,t-1}] + \beta_3(PPE_{i,t}/A_{i,t-1}) + \mu_{i,t} \end{aligned} \tag{4-1}$$

利用模型（4－1）分行业分年度回归结果的残差取绝对值，计算应计盈余管理程度（ADA），取值越大，应计盈余管理程度越大。其中，$TACC_{i,t}$ 表示总应计项目，是净利润与经营性净现金流的差额；$A_{i,t-1}$ 表示企业期初总资产；$\Delta REV_{i,t}$ 表示企业营业收入变动额；$\Delta REC_{i,t}$ 表示企业应收账款变动额；$PPE_{i,t}$ 表示企业固定资产原值。尽管应计盈余管理程度（ADA）可以很好地度量盈余管理程度（Reynolds and Francis，2000），但是 Hribar 和 Nichols（2007）发现，变量取绝对值后会改变分布情况，产生异方差问题。这种处理会增加拒绝原假设的概率（第一种错误）。本书根据他们的建议在回归估计时对盈余管理程度（ADA）同时进行两种方法的调整来减少误差。"调整法"（transformation methods）就是对盈余管理程度用前 5 年经营性现金流波动（SDCFO）进行标准化；"控制变量法"（control variable methods）就是把前 5 年经营性现金流波动（SDCFO）作为控制变量加入控制模型。真实盈余管理程度变量也作同样的处理。

——真实盈余管理程度（AREM）。根据 Roychowdhury（2006）的方法，真实盈余管理主要包括异常经营活动现金流、异常生产成本和异常操控性费用。

首先，根据模型（4－2）、模型（4－3）、模型（4－4）分年度分行业估算正常水平的经营活动净现金流、生产成本和操控性费用：

$$CFO_{i,t}/A_{i,t-1}=\alpha_0(1/A_{i,t-1})+\alpha_1(S_{i,t}/A_{i,t-1})+\alpha_2(\Delta S_{i,t}/A_{i,t-1})+\mu_{i,t} \tag{4-2}$$

$$PROD_{i,t}/A_{i,t-1}=\gamma_0(1/A_{i,t-1})+\gamma_1(S_{i,t-1}/A_{i,t-1})+\gamma_2(\Delta S_{i,t}/A_{i,t-1})+\gamma_3(\Delta S_{i,t-1}/A_{i,t-1})+\mu_{i,t} \tag{4-3}$$

$$EXP_{i,t}/A_{i,t-1}=r_0+r_1(1/A_{i,t-1})+r_2(S_{i,t-1}/A_{i,t-1})+\mu_{i,t} \tag{4-4}$$

其中，$CFO_{i,t}$表示经营活动净现金流；$A_{i,t-1}$表示期初总资产；$S_{i,t}$表示营业收入净值；$\Delta S_{i,t}$表示当期营业收入净值的变动额；$PROD_{i,t}$表示企业生产成本，是存货变动数额与销售产品成本合计数；$EXP_{i,t}$表示企业管理费用与营业费用合计数；i 表示公司；t 表示年度。

其次，利用上述模型分年度分行业估测的残差，度量异常的经营活动净现金流（R_CFO）、异常的生产成本（R_PROD）和异常的可操纵费用（R_EXP）。通常公司为了调高盈余会利用打折或者宽松的信用政策来促进销售收入增长，这些都会导致利润率的下降，生产成本会偏离正常水平，而与正常销售相比，经营现金流也会下降，同时由于操纵性费用无法在当期确认收益，管理者也会尽量减少操纵性费用项目的支出。所以异常生产成本越高，异常操控性费用越低；异常经营净现金流越低，真实盈余管理越多。本书根据模型（4-2）、模型（4-3）、模型（4-4）得到的残差取绝对值计算异常经营活动净现金流程度（A_CFO）、异常生产成本程度（A_PROD）和异常操控性费用程度（A_EXP），取值越大，盈余管理程度越大。

为了综合反映真实盈余管理的程度，借鉴 Cohen 和 Zarowin（2010）、李增福等（2011）的研究，构造衡量真实盈余管理总量的综合指标（REM）：REM = -R_CFO + R_PROD - R_EXP。REM 的正负表示盈余管理的方向，取绝对值（AREM）表示真实盈余管理的程度，绝对值越大，说明真实盈余管理程度越大（王福胜等，2014）。

——信息获取指数（I_score）。仿照 Chen 等（2014）的做法，信息获取指数（I_score）由三个指标的四分位数排序结果计算得到：（a）周转率，个股平均日交易股数除以上市公司在外流通股数；（b）分析师跟踪，当年出具分析师预测报告的分析师人数的自然对数；（c）分析师预测偏差，公司真实EPS（每股盈余）与盈余公布前分析师平均预测EPS的差异的绝对值除以公司期初股价。利用三个指标的分位数排序结果（表示为0，0.25，0.5，0.75，1）的平均数并进行标准化处理作为信息获取指数（其中分析师预测偏差的排序结果作相反处理），值越大表明上市公司的信息环境越好，外部人员信息获取成本越低。

（3）研究模型。

为了检验公司风险承受水平与盈余管理程度的关系（假设1），本书将待检验的模型设定为：

$$\begin{aligned}AEM_{i,t} = \alpha + \beta_1 RISK_{i,t-1} + \beta_2 AUD_{i,t-1} + \beta_3 OWN_{i,t-1} + \beta_4 SOE_{i,t-1} + \\ \beta_5 ROA_{i,t-1} + \beta_6 SIZE_{i,t-1} + \beta_7 LEVERAGE_{i,t-1} + \\ \beta_8 GROWTH_{i,t-1} + \beta_9 LISTAGE_{i,t-1} + \beta_{10} PAY_{i,t-1} + \\ \beta_{11} SDCFO_{i,t-1} + IND + YEAR + \mu_{i,t} \quad (4-5)\end{aligned}$$

本书预期风险承受水平（RISK）的系数（β_1）显著为正，模型（4-5）中，主要变量含义如表4-1所示。

表4-1　模型（4-5）变量定义及计算办法

被解释变量AEM	应计盈余管理程度	ADA	应计盈余管理程度，修正Jones模型残差模型（4-1）取绝对值，值越大应计盈余管理程度越高
	异常的生产成本程度	A_PROD	异常生产成本的程度，模型（4-3）的残差取绝对值，值越大真实盈余管理程度越高
	异常的经营活动净现金流程度	A_CFO	异常的经营活动净现金流的程度，模型（4-2）的残差取绝对值，值越大真实盈余管理程度越高
	异常的可操纵性费用程度	A_EXP	异常的可操纵性费用的程度，模型（4-4）的残差取绝对值，值越大真实盈余管理程度越高
	真实盈余管理程度	AREM	真实盈余管理程度，利用综合指标REM = -R_CRO + R_PROD - R_EXP取绝对值，值越大真实盈余管理程度越高

续表

解释变量 RISK	公司风险承受水平	RISK	公司风险承受水平，公司1年调整的日个股回报率的标准差
控制变量 Control	企业规模	SIZE	公司期末总资产取对数
	股权性质	SOE	国有控股公司取1，否则取0
	资产负债率	LEVERAGE	公司长期负债与期末总资产比率
	股权集中度	OWN	第一大股东持股比例
	审计质量	AUD	公司由国际四大会计师事务所审计取1，其他为0
	成长性	GROWTH	营业收入变化的百分比
	资产收益率	ROA	总资产净利润率
	公司上市年龄	LISTAGE	公司在深、沪两市上市时长，观察年份与上市年份之差
	管理者薪酬	PAY	公司前三大高管薪酬加1取自然对数
	现金流波动	SDCFO	观测年度前5年经营性现金流除以年初公司总资产的标准差
	行业效应	IND	虚拟变量控制行业效应
	年度效应	YEAR	虚拟变量控制年度效应

为了检验假设2，本章按照是否交叉上市将总样本分组进行模型（4－5）的估计，并检验组间风险承受水平的系数差异。为了验证假设3，本章按照市场化指数对总样本分组进行模型（4－5）的估计，并验证组间风险承受水平的系数差异。为了验证假设4，本章将待检验的模型定为：

$$\text{Return}_{i,t}=\alpha_0+\alpha_1\text{EPS}_{i,t}/\text{P}_{i,t-1}+\alpha_2(\text{EPS}_{i,t}/\text{P}_{i,t-1})\times\text{EMD}+\mu_{i,t} \tag{4-6}$$

其中，$\text{EPS}_{i,t}$表示i公司在t年度EPS；$\text{P}_{i,t-1}$表示i公司在t－1年度期末最后一个交易日的收盘价；$\text{Return}_{i,t}$为t＋1年5月到t＋2年4月共12个月的公司股票回报率；EMD是盈余管理程度的哑元变量，当盈余管理程度（ADA、AREM）大于同行业同年度中位数时取1，否则取0。本书预期交乘项的系数（α_2）显著为正，说明盈余管理行为增加了盈余的信息含量。

为了验证假设5，本书将总样本按照信息获取指数（$I\_score_{i,t}$）的同行业同年度中位数分组进行模型（4－5）的估计，并检验风险承受水平（RISK）的组间系数差异。

4.3.2 样本选择和数据来源

本书的研究样本来自2004～2013年在上海、深圳交易所上市的所有A股主板上市公司，数据来自国泰安（CSMAR）数据库，并对样本数据作以下筛选：（1）删除金融业上市公司；（2）删除ST公司；（3）对变量观察值缺失的研究样本予以删除；（4）删除无5个连续观察值的上市公司；（5）除虚拟变量以外所有变量观察值在上下1%的水平上进行Winsorize处理。最后得到1373家公司10 437个观察值，模型滞后一期的处理使观察值减少1376个。全样本为2001年证监会行业分类标准的行业分布情况，如表4－2所示。

表4－2　　研究样本公司的行业分布

行业代码	行业名称	样本个数（家）	比例（%）	累计比例（%）
A	农、林、牧、渔业	140	1.34	1.34
B	采掘业	345	3.31	4.65
C	制造业	5879	56.33	60.98
D	电力、煤气及水的生产和供应业	516	4.94	65.92
E	建筑业	214	2.05	67.97
F	交通运输、仓储业	382	3.66	71.63
G	信息技术业	502	4.81	76.44
H	批发和零售贸易	1007	9.65	86.09
J	房地产业	865	8.29	94.38

续表

行业代码	行业名称	样本个数（家）	比例（%）	累计比例（%）
K	社会服务业	311	2.98	97.36
L	传播与文化产业	82	0.79	98.14
M	综合类	194	1.86	100.00
	合计	10437	100.00	

4.4　实证检验

4.4.1　描述性统计

表4－3是主要变量的描述性统计特征。其中，样本中上市公司的应计盈余管理程度平均值为0.070，小于真实盈余管理程度（平均值为0.182）。上市公司风险承受水平（RISK）的平均值是0.052，标准差是0.931，与世界30个国家的平均水平（平均值是0.03，标准差是0.01）相比，标准差偏高（Erkens，2012），说明我国上市公司风险承受水平差异较大。

表4－3　　　　　　　变量的描述性统计

变量	N	MEAN	25%	50%	75%	SD
ADA	10437	0.070	0.020	0.046	0.089	0.078
A_CFO	10437	0.068	0.022	0.048	0.090	0.070
A_PROD	10437	0.105	0.028	0.064	0.132	0.125
A_EXP	10437	0.050	0.015	0.033	0.062	0.058
AREM	10437	0.182	0.052	0.118	0.234	0.203
RISK	10437	0.052	0.023	0.028	0.026	0.931

续表

变量	N	MEAN	25%	50%	75%	SD
GROWTH	10437	0.064	-0.024	0.105	0.221	0.327
SIZE	10437	21.830	20.993	21.726	22.529	1.204
LEVERAGE	10437	0.530	0.393	0.536	0.665	0.200
OWN	10437	0.363	0.236	0.338	0.480	0.155
ROA	10437	0.030	0.009	0.028	0.055	0.061
PAY	10437	13.682	13.151	13.730	14.273	0.867
TobinQ	10430	1.706	1.048	1.340	1.948	1.046
SOE	10437	0.668	0.000	1.000	1.000	0.471
AUD	10437	0.057	0.000	0.000	0.000	0.232
LISTAGE	10437	11.040	8.000	11.000	14.000	3.910
SDCFO	10437	0.053	0.026	0.042	0.066	0.041

注：变量定义见表4-1。

4.4.2 相关性分析

根据主要变量之间的Pearson相关系数矩阵分析结果（表4-4），风险承受水平RISK与应计盈余管理程度ADA、异常现金流程度A_CFO、异常生产成本程度A_PROD及真实盈余管理程度AREM的相关系数分别为0.0780、0.0484、0.0554、0.0428，均在0.05的水平上显著，说明风险承受水平与盈余管理程度呈显著的正向关系；尽管ADA与A_CFO相关系数超过0.5，但是它们不会同时出现在同一个模型中，不存在多重共线性的问题。

表4-4 变量PEARSON相关系数分析

	ADA	A_CFO	A_PROD	A_EXP	AREM	RISK	GROWTH	SIZE	LEVERAGE	OWN	ROA	AUD	SOE	LISTAGE	PAY	SDCFO
ADA	1.00															
A_CFO	0.5817*	1.00														
A_PROD	0.3731*	0.4716*	1.00													
A_EXP	0.2894*	0.2863*	0.5622*	1.00												
AREM	0.4080*	0.5945*	0.8916*	0.6722*	1.00											
RISK	0.0780*	0.0484*	0.0554*	-0.02	0.0428*	1.00										
GROWTH	0.0394*	0.1308*	0.1050*	0.0692*	0.1187*	0.0531*	1.00									
SIZE	0.0430*	0.1356*	0.0938*	0.0434*	0.0966*	0.0314*	0.1470*	1.00								
LEVERAGE	0.0581*	-0.01	-0.0494*	-0.0768*	-0.0637*	0.0420*	-0.00	0.1942*	1.00							
OWN	0.00	0.0679*	0.0537*	0.01	0.0529*	-0.0326*	0.0750*	0.2576*	-0.01	1.00						
ROA	-0.0352*	0.1515*	0.1936*	0.0786*	0.1950*	0.1126*	0.2913*	0.1813*	-0.3854*	0.1070*	1.00					
AUD	0.00	0.0512*	0.0785*	0.0602*	0.0781*	-0.01	0.0256*	0.3372*	0.01	0.1176*	0.0917*	1.00				
SOE	-0.0286*	0.01	-0.0393*	-0.0342*	-0.0297*	-0.0460*	0.0528*	0.2054*	0.0413*	0.2620*	-0.0204*	0.0667*	1.00			
LISTAGE	0.0295*	0.01	0.0200*	0.01	0.0205*	-0.02	-0.0586*	0.1276*	0.0767*	-0.1426*	0.00	0.0304*	0.0575*	1.00		
PAY	0.0335*	0.0964*	0.1315*	0.0961*	0.1405*	0.0632*	0.0909*	0.4930*	-0.0418*	-0.00	0.3129*	0.2231*	0.02	0.2520*	1.00	
SDCFO	-0.2773*	-0.3093*	-0.2548*	-0.3157*	-0.2849*	0.0917*	-0.1163*	-0.2269*	0.0759*	0.00	-0.0350*	-0.0564*	-0.0821*	0.0641*	-0.0878*	1.00

注：变量定义见表4-1，*表示在0.05水平上显著。

4.4.3 单因素分析

本书首先按照分年度分行业公司风险承受水平的中位数将全样本分为高风险和低风险两组，表4－5列示了不同组别样本的盈余管理程度的平均数和中位数差异。应计盈余管理程度和真实盈余管理程度在高风险组的平均值高于低风险组，这一差异在5%水平上显著，除了异常的操纵性费用程度（A_EXP）外，各组别中位数差异也有类似特征，初步证实了假设1。异常的操纵性费用中位数差异不显著，可能因为公司增加研发投资支出也是公司风险承受上升的重要表现，所以公司风险承受水平对操纵性费用的影响需要进一步利用其他方法验证。

表4－5　　　　高风险组低风险组均值、中位数分析结果

变量	组别	N	均值检验		中位数检验	
			平均值	t值	中位数	z值
应计盈余管理程度ADA	低风险	5242	0.0655	－5.4347***	0.0446	－4.256***
	高风险	5195	0.0738		0.0474	
异常现金流程度A_CFO	低风险	5242	0.0634	－7.2931***	0.0458	－5.321***
	高风险	5195	0.0733		0.0505	
异常生产成本程度A_PROD	低风险	5242	0.0975	－5.7579***	0.0619	－4.557***
	高风险	5195	0.1115		0.0668	
异常操纵性费用程度A_EXP	低风险	5242	0.0482	－2.4410***	0.0327	－0.996
	高风险	5195	0.0510		0.0335	
真实盈余管理程度AREM	低风险	5242	0.1697	－6.1569***	0.1113	－4.803***
	高风险	5195	0.1941		0.1233	

注：中值差异的检验使用独立样本t检验，中位数差异的检验使用秩和检验，*** 表示10%的显著性水平。

图4－1是不同公司风险承受水平下盈余管理程度的拟合曲线，两条曲线分别代表两种盈余管理方式的程度。曲线均向上方倾斜，说明随着公司风险承受水平的升高，真实盈余管理和应计盈余管理程度均显著

增加，基本支持本书假设1。

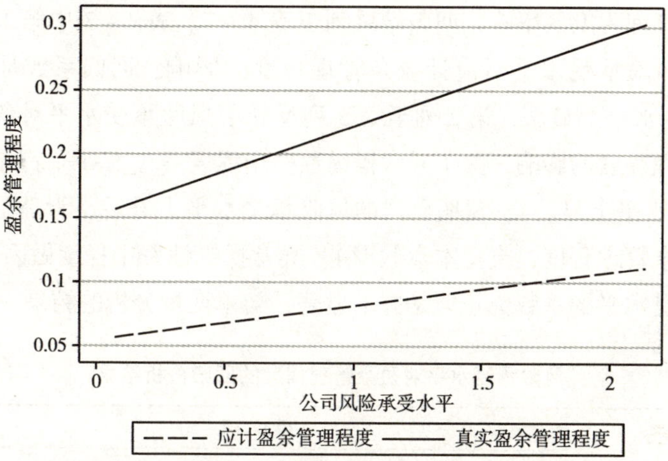

图4-1 不同公司风险承受水平下的盈余管理程度

4.4.4 多元回归分析

（1）公司风险承受水平对盈余管理程度影响的回归分析结果。

本书研究样本涉及2004~2013年数据，属于面板数据。面板数据有三种估计策略：混合回归、固定效应和随机效应。利用豪斯曼检验对三种策略进行两两比较，检验结果都强烈拒绝原假设（表4-6），并进行异方差稳健豪斯曼检验和最大似然比检验［Chi-sq(19)=139.205，p值0.000］，检验结果不变，所以应该使用混合OLS固定效应进行模型（4-5）的估计。

表4-6 混合回归、固定效应和随机效应Hausman检验结果

H_0	Chi-sq. Statistics	Prob.	Prefer
difference in Panel and Fixed-effects not systematic	Chi(20) = -46.88	0.000	FE
difference in Panel and Random-effects not systematic	Chi(32) = -19.48	0.000	RE
difference in Random-effects and Fixed-effects not systematic	Chi(20) =31.55	0.0351	FE

基于模型（4－5），本书通过面板数据固定效应估计风险承受水平对盈余管理程度的影响，回归结果列于表4－7。表4－7中第1列反映了公司风险承受水平对应计盈余管理程度的影响，回归系数是0.346，在1%的水平上显著；第2列至第5列反映了风险承受水平对各种真实盈余管理程度的影响，除了异常操纵性费用程度（A_EXP）都是正相关（在1%水平上显著），说明公司的风险承受水平上升后，管理层显著增加了盈余管理程度，支持本章假设1。异常操纵性费用程度做因变量时，风险承受水平的系数为正但是并不显著，与单变量分析的结果一致。

表4－7　　　　风险承受水平对盈余管理程度的回归分析结果

变量	模型（4－5）				
	ADA	A_CFO	A_PROD	A_EXP	AREM
	(1)	(2)	(3)	(4)	(5)
RISK	0.183* (1.67)	0.116* (1.74)	0.162* (1.69)	0.114 (1.61)	0.477** (2.31)
AUD	0.059 (0.26)	0.045 (0.22)	0.123 (0.37)	－0.103 (－0.49)	0.125 (0.23)
OWN	－0.336 (－0.64)	0.224 (0.54)	0.127 (0.19)	－0.303 (－0.90)	－0.226 (－0.22)
SOE	0.036 (0.26)	－0.007 (－0.05)	0.066 (0.31)	0.025 (0.23)	0.240 (0.75)
ROA	0.755 (1.15)	1.250*** (3.07)	1.237* (1.93)	0.210 (0.49)	3.235*** (2.71)
SIZE	－0.185** (－2.08)	－0.387*** (－5.61)	－0.623*** (－4.35)	－0.199*** (－2.72)	－1.223*** (－5.52)
LEVERAGE	－0.178 (－0.52)	0.160 (0.66)	0.247 (0.62)	－0.274 (－1.18)	0.229 (0.36)
GROWTH	0.110 (1.33)	0.178** (2.46)	0.278** (2.24)	0.228*** (5.11)	0.589*** (3.07)
LISTAGE	0.075*** (3.73)	0.088*** (5.87)	0.170*** (6.94)	0.075*** (4.85)	0.335*** (7.97)
PAY	0.001 (0.01)	－0.033 (－0.58)	－0.007 (－0.07)	－0.033 (－0.69)	－0.130 (－0.90)

续表

变量	模型（4-5）				
	ADA	A_CFO	A_PROD	A_EXP	AREM
	（1）	（2）	（3）	（4）	（5）
SDCFO	-17.245***	-15.560***	-18.104***	-10.343***	-36.051***
	(-15.10)	(-17.07)	(-11.57)	(-13.60)	(-14.52)
Constant	5.905***	10.145***	14.934***	6.119***	30.630***
	(3.29)	(7.13)	(5.30)	(4.21)	(6.82)
Fixed Effects	Industry &Year				
N	9061	9061	9061	9061	9061
R^2	0.059	0.062	0.047	0.063	0.061
F值	19.54***	21.50***	13.83***	13.57***	17.76***

注：变量说明见表4-1，***、**和*分别表示1%、5%和10%的水平上显著，括号中为t值，使用固定效应稳健标准误进行模型估计，行业效应通过面板数据个体固定效应进行控制。

控制变量方面，审计质量（AUD）对真实盈余管理程度有负向影响但是并不显著，说明目前四大会计师事务所代表的审计质量，对国内上市公司的盈余管理行为难以产生显著的影响；股权集中度（OWN）与两种盈余管理程度都是负相关但不显著；股权性质（SOE）与两种盈余管理程度不显著，需要进一步检验；资产收益率（ROA）与应计盈余管理程度正相关但不显著（系数为正，统计上不显著），但是与真实盈余管理程度显著正相关（系数显著为正），说明公司盈利状况越好，会更多使用比较隐蔽的真实盈余管理，这也表明真实盈余管理需要偏离公司的经营策略，实施成本较高，只有盈利状况好的公司更倾向于使用并有能力实施；公司规模（SIZE）与盈余管理程度显著负相关，公司规模越大，公司治理制度和投资者保护制度越完善，对盈余管理行为的抑制作用越大；公司负债水平（LEVERAGE）与盈余管理程度负相关，统计上不显著；公司成长状况（GROWTH）与盈余管理显著正相关，说明公司的成长性好，追求更多的发展机会时，会借助盈余管理克服其他约束；公司上市年龄（LISTAGE）与盈余管理程度显著正相关，说明公司上市时间越长，信息披露更加规范，财务报告和信息环境更加稳定，投资者对盈余稳定性的预期更强，公司会使用盈余管理行为调整盈余，这与Ecker等（2006）的研究一致。高管薪酬激励（PAY）与盈余管理程度关系不显著，说明中国目前的高管薪酬激励对高管的影响需要进一步研究；现金流波动（SDCFO）对盈余管理程度显著负相关，与Hribar和Nichols（2007）的研究结论一致。

（2）应计盈余管理分方向样本回归结果。

为了进一步验证以上结论，本书按照应计盈余管理的操纵方向对研究样本进行分组，仍然用模型（4－5）对分组样本进行回归，由于回归方程的因变量没有使用盈余管理程度变量，所以控制变量中没有使用现金流波动（SDCFO）进行调整，回归结果列于表4－8。从表4－8发现，正向盈余管理样本中，风险承受水平对应计盈余管理是0.009；负向盈余管理样本中，风险承受水平的回归系数是0.019，统计上都是在1%水平上显著的，说明公司风险承受水平上升，倾向于向上进行应计盈余管理。控制变量中，审计质量（AUD）的系数不显著；控制权（OWN）越集中，公司越会显著向上进行盈余管理，便于大股东侵占小股东利益；与非国有控股公司相比，国有控股公司（SOE）进行向上盈余管理的动机较弱；盈利状况越好（ROA），公司规模越大（SIZE），为了保持财务状况的稳定，越会向上进行盈余管理（显著正相关）；成长性好（GROWTH）的公司，越会向上进行盈余管理（显著正相关），维持盈余的持续增长状态；公司债务水平（LEVERAGE）上升，可能会向下进行盈余管理（显著负相关），为将来的盈余增长作准备；公司上市时间（LISTAGE）系数不显著；高管在薪酬（PAY）的激励下会向上进行盈余管理（显著正相关）。

表4－8　　应计盈余管理正向、负向分样本回归结果

变量	应计盈余管理	
	向上	向下
RISK	0.009** (2.38)	0.019*** (2.89)

续表

变量	应计盈余管理	
	向上	向下
AUD	0.005 (0.38)	0.015 (1.16)
OWN	0.026 (0.77)	0.069** (2.42)
SOE	0.019 (1.18)	-0.009 (-0.83)
ROA	0.326*** (4.92)	0.096** (2.21)
SIZE	-0.002 (-0.39)	-0.012* (-1.90)
LEVERAGE	-0.014 (-0.57)	0.107*** (4.66)
GROWTH	0.016** (2.22)	-0.003 (-0.44)
LISTAGE	-0.001 (-0.37)	0.001 (0.48)
PAY	0.004 (0.83)	0.016*** (3.85)
Constant	-0.012 (-0.09)	-0.050 (-0.40)
Fixed Effects	Industry &Year	
N	4564	4497
R^2	0.043	0.027
F值	6.62***	3.47***

注：变量说明见表4-1，***、** 和 * 分别表示1%、5%和10%的水平上显著，括号中为t值，使用固定效应稳健标准误进行模型估计，行业效应通过面板数据个体固定效应进行控制。

(3) 交叉上市对两者关系的调节影响回归结果。

为了验证交叉上市对公司风险承受水平与盈余管理行为关系的调节作用，本书按照上市公司是否同时在深圳、上海证券交易所以外的其他地区的证交所上市将样本分为两个子样本，交叉上市样本组是既在国内上市（深、沪证券交易所），又在海外上市（如伦敦交易所、纽约交易所、新加坡交易所等）的公司，包含46家公司共277个观察值，非交叉上市样本组是只在国内上市的公司，包含1327家公司共10160个观察值，由于模型（4－5）中滞后一期的处理，总有效样本减少到9061个。利用模型（4－5）分别进行回归结果列于表4－9。观察公司风险承受水平（RISK）的系数：在交叉上市组分样本中，无论是对应计盈余管理程度还是对真实盈余管理程度，都不显著；非交叉上市组分样本中，都是显著正相关，说明通过交叉上市公司确实起到了分散风险、提高信息披露程度的作用，公司进行盈余管理进行信息传递的动机减弱。组间系数差异比较结果只有真实盈余管理程度回归结果系数通过差异检验（在10%水平上显著），实证结果支持假设2。

表4－9　　　　交叉上市对两者关系的调节影响回归结果

变量	应计盈余管理（ADA）		真实盈余管理（AREM）	
	交叉上市	非交叉上市	交叉上市	非交叉上市
	(1)	(2)	(3)	(4)
RISK	-0.045 (-0.16)	0.194* (1.73)	-1.659 (-1.52)	0.443** (2.10)
AUD	-0.271 (-0.67)	0.017 (0.07)	-1.406 (-0.97)	0.231 (0.38)
OWN	5.872 (1.39)	-0.378 (-0.72)	5.393 (0.80)	-0.289 (-0.27)
SOE	-3.470*** (-3.03)	0.048 (0.34)	-2.563 (-0.81)	0.218 (0.68)
ROA	3.378 (0.93)	0.694 (1.03)	14.398** (2.49)	2.882** (2.37)
SIZE	-0.611 (-1.50)	-0.175* (-1.95)	-3.241** (-2.42)	-1.175*** (-5.24)
LEVERAGE	-1.387 (-0.57)	-0.166 (-0.48)	-4.933 (-1.19)	0.240 (0.37)

续表

变量	应计盈余管理（ADA）		真实盈余管理（AREM）	
	交叉上市	非交叉上市	交叉上市	非交叉上市
	(1)	(2)	(3)	(4)
GROWTH	-0.020 (-0.06)	0.106 (1.27)	-0.584 (-0.77)	0.601*** (3.09)
LISTAGE	0.107 (1.54)	0.077*** (3.75)	0.747** (2.33)	0.330*** (7.70)
PAY	0.157 (0.33)	-0.012 (-0.18)	-1.038 (-0.66)	-0.130 (-0.89)
SDCFO	-7.599 (-1.05)	-17.348*** (-14.96)	-43.018** (-2.28)	-35.973*** (-14.31)
Constant	14.022 (1.33)	5.858*** (3.23)	91.667*** (2.73)	29.642*** (6.52)
Fixed Effects	Industry &Year			
N	231	8830	231	8830
R^2	0.139	0.060	0.182	0.061
F值	.	19.39***	.	17.41***
组间系数差异比较 (p-value)	1.93 (0.1645)		2.61* (0.0839)	

注：变量说明见表4-1，***、**和*分别表示1%、5%和10%的水平上显著，括号中为t值，使用固定效应稳健标准误进行模型估计，行业效应通过面板数据个体固定效应进行控制。

（4）市场化指数对两者关系调节作用回归结果。

为了排除交叉上市的影响，我们从样本中剔除同时交叉上市的277个观察值，把剩余的样本按照市场化进程指数、市场干预程度和法治水平①（樊纲，2011）行业年度中位数分组，分为治理环境好组②（共467

① 樊纲等. 中国市场化指数——各地区市场化相对进程2011年报告［M］. 北京：经济科学出版社，2011. 樊纲的市场化进程指数、政府干预程度和法制水平指数只有1997~2009年的数据，所以本假设将样本考察时间区间缩小到2004~2009年，去掉4818个观察值，剩余5342个观察值。

② 治理环境好分样本组要求市场化指数高、政府干预程度低而且法治水平高三个指标都达到，否则归入治理环境差分样本组。

个观察值）和治理环境差组（共 4875 个观察值）。从表 4 - 10 可以发现，治理环境好的分样本组，无论是应计盈余管理还是真实盈余管理，风险承受水平的影响都不显著；治理环境差的样本组显示，公司承受风险水平上升会大量使用盈余管理。说明治理环境对两者关系有明显影响，公司追逐高风险高回报的经营过程中，需要使用盈余管理尽量规避政府的干预和法律风险，但是在治理环境好的区域，公司的这种风险承受行为不会受到政府的过多干预，盈余管理的动机较弱。

表 4 - 10　　　　市场化指数对两者关系调节作用回归结果

变量	应计盈余管理（ADA）		真实盈余管理（AREM）	
	治理环境好	治理环境差	治理环境好	治理环境差
RISK	0.374 (0.86)	0.538*** (4.13)	-0.767 (-0.98)	0.833*** (3.28)
AUD	-0.924** (-2.59)	0.976** (2.01)	4.399 (1.56)	0.709 (0.93)
OWN	0.879 (0.53)	2.432*** (3.04)	3.004 (0.63)	7.756*** (4.88)
SOE	-1.212 (-1.54)	-0.376* (-1.89)	0.563 (0.58)	-1.685*** (-4.05)
ROA	0.106 (0.04)	-4.434*** (-4.21)	3.446 (0.91)	4.286** (2.50)
SIZE	-0.033 (-0.08)	0.432** (2.34)	0.127 (0.15)	0.904** (2.23)
LEVERAGE	1.216 (1.00)	0.635 (1.27)	2.508 (1.05)	0.381 (0.46)
GROWTH	0.277 (0.98)	0.290** (2.40)	0.480 (0.65)	0.989*** (3.88)
LISTAGE	0.061 (0.59)	0.074** (2.27)	0.454** (2.05)	0.310*** (4.80)
PAY	0.324* (1.75)	-0.022 (-0.28)	-0.129 (-0.34)	-0.267 (-1.50)

续表

变量	应计盈余管理（ADA）		真实盈余管理（AREM）	
	治理环境好	治理环境差	治理环境好	治理环境差
SDCFO	-27.153*** (-4.38)	-29.792*** (-16.26)	-48.738*** (-3.57)	-49.975*** (-13.87)
Constant	-1.157 (-0.13)	-7.459* (-1.95)	-1.326 (-0.07)	-14.110* (-1.68)
Fixed Effects	Industry &Year			
N	467	4875	467	4875
R^2	0.222	0.183	0.171	0.154
F 值	3.52***	25.15***	3.29***	19.67***

注：变量说明见表4-1，***、**和*分别表示1%、5%和10%的水平上显著，括号中为t值，使用固定效应稳健标准误进行模型估计，行业效应通过面板数据个体固定效应进行控制。

（5）不同风险承受水平下盈余管理信息含量实证结果。

由于数据的有限，进行模型（4-6）估计时，本书观察值缩减到6697个。本书将上市公司按照同行业同年度风险承受水平中位数分为高风险组和低风险组，将应计盈余管理程度和真实盈余管理程度的虚拟变量（ADAD，AREMD）分别带入模型（4-6）进行估计，估计结果列于表4-11。从表4-11可以看出，尽管应计盈余管理程度对公司盈余的信息含量没有显著影响；但是与低风险组相比，高风险组的真实盈余管理程度显著增加了盈余的信息含量（交乘项 AREMD × $EPS_{i,t}/P_{i,t-1}$ 系数显著为正）。

表4-11　不同风险承受水平下盈余管理信息含量实证结果

变量	个股回报率（$Return_{i,t}$）			
	高风险组	低风险组	高风险组	低风险组
$EPS_{i,t}/P_{i,t-1}$	1.933*** (7.03)	1.191*** (4.94)	1.629*** (6.65)	1.368*** (6.01)
ADAD × $EPS_{i,t}/P_{i,t-1}$	0.019 (0.42)	0.132 (1.52)		

续表

变量	个股回报率（$Return_{i,t}$）			
	高风险组	低风险组	高风险组	低风险组
$AREMD \times EPS_{i,t}/P_{i,t-1}$			0.054*** (2.85)	-0.049 (-1.39)
Constant	-0.199*** (-12.83)	-0.225*** (-18.97)	-0.200*** (-12.99)	-0.228*** (-19.18)
Fixed Effects	Industry & Year			
N	3327	3370	3327	3370
R^2	0.498	0.588	0.500	0.587
F值	412.52***	649.38***	426.21***	648.65***
检验组间交乘项系数差异 (p-value)	0.85 (0.3571)		3.01* (0.0819)	

注：***、**和*分别表示1%、5%和10%的水平上显著，括号中为t值，使用固定效应稳健标准误进行模型估计，行业效应通过面板数据个体固定效应进行控制。

（6）信息环境对两者关系的影响实证结果。

由于数据的限制，进行模型（4-5）分组估计时，本书观察值缩减到4502个，估计结果列于表4-12。从表4-12可以看出，以真实盈余管理程度为被解释变量，当公司的信息环境较差，信息获取成本较高时，公司的风险承受水平对真实盈余管理程度的相关关系更强（系数为0.311，在5%水平上显著），组间系数差异通过检验，应计盈余管理程度的组间系数差异没有通过检验。

表4-12　　信息获取指数对两者关系的影响实证结果

变量	模型（4-5）			
	应计盈余管理		真实盈余管理	
	信息环境好	信息环境差	信息环境好	信息环境差
	(1)	(2)	(3)	(4)
RISK	0.289 (1.03)	0.158* (1.71)	1.817 (0.85)	0.311** (2.01)

续表

变量	模型（4-5）			
	应计盈余管理		真实盈余管理	
	信息环境好	信息环境差	信息环境好	信息环境差
	(1)	(2)	(3)	(4)
AUD	0.208 (0.37)	-0.263 (-0.59)	-1.325 (-1.18)	-0.379 (-0.32)
OWN	-5.814** (-2.34)	-0.301 (-0.18)	-3.257 (-0.53)	-7.470* (-1.95)
SOE	1.040 (1.09)	0.164 (0.37)	2.737 (1.61)	0.584 (0.50)
ROA	0.618 (0.17)	1.051 (0.66)	-15.960* (-1.72)	8.295** (2.40)
SIZE	-0.654 (-1.34)	-0.246 (-0.83)	-2.811*** (-2.98)	-0.874 (-1.34)
LEVERAGE	-1.672 (-1.29)	-0.305 (-0.33)	-3.457 (-1.25)	1.547 (0.80)
GROWTH	0.115 (0.36)	0.168 (0.87)	0.641 (0.83)	0.328 (0.76)
LISTAGE	0.099 (1.02)	-0.038 (-0.66)	0.587*** (2.66)	0.010 (0.09)
PAY	-0.210 (-0.99)	-0.024 (-0.15)	-0.229 (-0.44)	-0.059 (-0.20)
SDCFO	-17.478*** (-5.19)	-17.207*** (-7.50)	-60.647*** (-6.03)	-39.930*** (-7.81)
Constant	21.227** (2.16)	8.861 (1.40)	69.375*** (3.62)	28.382** (2.03)
Fixed Effects	Industry &Year			
N	1814	2688	1814	2688
R^2	0.058	0.047	0.081	0.054

续表

变量	模型（4－5）			
	应计盈余管理		真实盈余管理	
	信息环境好	信息环境差	信息环境好	信息环境差
	(1)	(2)	(3)	(4)
F值	9.97***	12.75***	17.47***	18.90***
组间系数差异 (p-value)	0.67 (0.4120)		3.85* (0.0676)	

注：变量说明见表4－1，***、**和*分别表示1%、5%和10%的水平上显著，括号中为t值，使用固定效应稳健标准误进行模型估计，行业效应通过面板数据个体固定效应进行控制。

（7）稳健性检验。

①盈余管理的自选择问题。应计和真实盈余管理行为可能是公司选择的结果，本书利用Heckman model估计模型（4－5）解决盈余管理可能存在的自选择问题。参照Chan等（2014）的做法，按照行业年度中位数构建盈余管理哑变量（EMD）①，利用风险承受水平（RISK）、成长性（GROWTH）、负债比率（LEVERAGE）和所有权结构（OWN）对盈余管理哑变量进行Probit回归，得到的inverse Mills ratio带入模型（4－5），实证结果列于表4－13（只报告第二阶段结果），结论未发生实质性改变。

表4－13　风险承受水平对盈余管理程度的回归分析结果（Heckman模型）

变量	模型（4－5）				
	ADA	A_CFO	A_PROD	A_EXP	AREM
	(1)	(2)	(3)	(4)	(5)
RISK	0.401*** (4.37)	－0.066 (－0.74)	0.129 (0.85)	－0.034 (－0.36)	0.328** (2.45)

① EMD包含5个度量值（应计盈余管理程度哑变量ADAD、异常现金流程度哑变量A_CFOD、异常生产成本程度哑变量A_PRODD、异常操纵性费用程度哑变量A_EXPD、真实盈余管理程度哑变量AREMD），都是根据各自年度行业中位数确定，大于中位数取1，小于中位数取0。

续表

变量	模型（4-5）				
	ADA	A_CFO	A_PROD	A_EXP	AREM
	(1)	(2)	(3)	(4)	(5)
AUD	0.104 (0.58)	0.320 ** (2.24)	1.391 *** (5.55)	0.763 *** (5.03)	2.305 *** (5.30)
OWN	0.580 ** (2.12)	1.634 *** (4.35)	1.661 ** (2.28)	0.290 (0.95)	2.506 *** (2.99)
SOE	-0.334 *** (-3.80)	-0.093 (-1.24)	-0.648 *** (-4.78)	-0.274 *** (-3.43)	-1.017 *** (-4.37)
ROA	0.982 (1.45)	3.639 *** (5.15)	6.896 *** (5.46)	3.024 *** (4.15)	12.655 *** (5.90)
SIZE	-0.114 *** (-2.59)	-0.006 (-0.16)	-0.420 *** (-6.32)	-0.299 *** (-7.51)	-0.687 *** (-5.99)
LEVERAGE	0.320 (1.40)	-0.832 *** (-3.08)	-0.474 (-0.79)	-0.875 *** (-3.24)	-1.609 * (-1.92)
GROWTH	-0.242 ** (-2.02)	0.162 (1.40)	0.028 (0.13)	0.482 *** (4.15)	0.078 (0.23)
LISTAGE	0.039 *** (3.46)	0.013 (1.41)	0.031 * (1.79)	0.017 * (1.68)	0.056 * (1.94)
PAY	0.097 * (1.77)	0.082 * (1.77)	0.521 *** (6.16)	0.320 *** (6.44)	0.976 *** (6.76)
SDCFO	-20.889 *** (-16.18)	-17.187 *** (-14.81)	-22.846 *** (-11.03)	-19.594 *** (-15.30)	-47.735 *** (-13.33)
invers Mills ratio	0.042 (0.15)	5.336 *** (4.07)	0.858 (0.39)	1.671 * (1.82)	2.054 (1.05)
Constant	3.367 *** (3.69)	-2.789 ** (-2.11)	5.407 ** (2.40)	3.980 *** (3.62)	7.994 *** (2.84)
Fixed Effects	Industry &Year				
N	4512	4513	4508	4509	4511
R^2	0.062	0.067	0.066	0.093	0.081

注：变量说明见表4-1，***、**和*分别表示1%、5%和10%的水平上显著，括号中为t值，使用treatment effects model进行模型估计，第一阶段Probit估计结果未列示，计算得到的invers Mills ratio放入模型（4-5）进行控制。

②倾向值得分匹配（PSM）。本书按照公司风险承受水平的同行业同年度的中位数将全样本分为高风险组和低风险组，按照倾向值得分为高风险组的观察值在低风险组找到一个配对样本，共得到配对样本观测值6931个。重复估计模型（4-5），结论没有实质性变化，实证结果列于表4-14。

表4-14　风险承受水平对盈余管理程度的回归分析结果（倾向值得分匹配）

变量	模型（4-5）				
	ADA	A_CFO	A_PROD	A_EXP	AREM
	(1)	(2)	(3)	(4)	(5)
RISK	0.166* (1.72)	0.085 (0.86)	0.133 (0.97)	0.060 (0.83)	0.454* (1.95)
AUD	0.116 (0.45)	0.102 (0.41)	0.087 (0.23)	-0.075 (-0.31)	0.239 (0.41)
OWN	-0.194 (-0.30)	0.172 (0.33)	0.133 (0.15)	-0.366 (-0.93)	-0.305 (-0.23)
SOE	0.188 (1.15)	0.192 (1.23)	0.173 (0.69)	0.082 (0.73)	0.516 (1.33)
ROA	0.118 (0.15)	1.235** (2.51)	0.901 (1.19)	0.077 (0.16)	3.363** (2.58)
SIZE	-0.184* (-1.85)	-0.347*** (-4.28)	-0.505*** (-2.94)	-0.202** (-2.37)	-1.054*** (-3.79)
LEVERAGE	-0.224 (-0.58)	0.055 (0.19)	-0.137 (-0.30)	-0.429* (-1.67)	-0.376 (-0.53)
GROWTH	0.104 (0.97)	0.189** (2.11)	0.320** (2.07)	0.250*** (4.79)	0.599*** (2.58)
LISTAGE	0.074*** (3.35)	0.087*** (5.02)	0.169*** (5.91)	0.086*** (5.36)	0.328*** (6.74)
PAY	0.016 (0.21)	-0.036 (-0.53)	-0.013 (-0.12)	-0.041 (-0.76)	-0.118 (-0.73)
SDCFO	-15.970*** (-12.42)	-15.318*** (-14.58)	-16.669*** (-9.95)	-10.105*** (-12.64)	-34.328*** (-12.67)

续表

变量	模型（4-5）				
	ADA	A_CFO	A_PROD	A_EXP	AREM
	(1)	(2)	(3)	(4)	(5)
Constant	5.502 ***	9.278 ***	12.566 ***	6.230 ***	27.036 ***
	(2.74)	(5.59)	(3.74)	(3.68)	(4.89)
Fixed Effects	Industry &Year				
N	6931	6931	6931	6931	6931
R^2	0.056	0.063	0.042	0.066	0.059
F值	13.50 ***	15.95 ***	11.14 ***	11.20 ***	13.95 ***

注：变量说明见表4-1，***、**和*分别表示1%、5%和10%的水平上显著，括号中为t值，行业效应通过面板数据个体固定效应进行控制，采用稳健标准误。

③两阶段回归（工具变量法）。本章进一步利用工具变量法来处理风险承受水平和盈余管理可能存在的反向因果内生性问题，利用风险承受水平的滞后项作为工具变量进行2SLS，结论均无实质性变化，结果报告于表4-15。

表4-15　风险承受水平对盈余管理程度的回归分析结果（工具变量法）

变量	模型（4-5）				
	ADA	A_CFO	A_PROD	A_EXP	AREM
RISK	0.710 ***	0.148	0.080	0.014	0.284
	(0.000)	(0.122)	(0.622)	(0.885)	(0.322)
AUD	-0.008	0.089	0.778 ***	0.470 ***	1.326 ***
	(0.945)	(0.379)	(0.000)	(0.000)	(0.000)
OWN	0.741 ***	0.800 ***	1.704 ***	0.705 ***	2.926 ***
	(0.000)	(0.000)	(0.000)	(0.000)	(0.000)
SOE	-0.277 ***	-0.184 ***	-0.416 ***	-0.169 ***	-0.671 ***
	(0.000)	(0.000)	(0.000)	(0.000)	(0.000)
ROA	-1.289	4.462 ***	9.875 ***	1.457 ***	16.020 ***
	(0.107)	(0.000)	(0.000)	(0.000)	(0.000)
SIZE	-0.143 ***	-0.021	-0.225 ***	-0.107 ***	-0.392 ***
	(0.000)	(0.379)	(0.000)	(0.000)	(0.000)

续表

变量	模型（4-5）				
	ADA	A_CFO	A_PROD	A_EXP	AREM
LEVERAGE	0.676*** (0.000)	0.601*** (0.000)	0.489** (0.012)	-0.138 (0.173)	0.664** (0.044)
GROWTH	0.190* (0.095)	0.377*** (0.000)	0.527*** (0.001)	0.154** (0.032)	1.013*** (0.000)
LISTAGE	0.022*** (0.003)	0.011* (0.078)	0.003 (0.767)	0.003 (0.653)	0.010 (0.580)
PAY	-0.001 (0.973)	-0.016 (0.648)	0.148*** (0.008)	0.121*** (0.000)	0.291*** (0.003)
SDCFO	-20.054*** (0.000)	-16.477*** (0.000)	-26.922*** (0.000)	-15.541*** (0.000)	-47.263*** (0.000)
Constant	4.702*** (0.000)	2.004*** (0.000)	5.035*** (0.000)	2.200*** (0.000)	8.406*** (0.000)
Fixed Effects	Industry &Year				
N	9062	9062	9062	9062	9062
R^2	0.120	0.148	0.160	0.164	0.155
Chi2	957.31***	1299.00***	1208.04***	1592.22***	1229.74***

注：变量说明见表4-1，***、**和*分别表示1%、5%和10%的水平上显著，括号中为t值，使用风险承受水平滞后项作为工具变量，带入模型（4-5）进行估计。使用固定效应稳健标准误进行模型估计，行业效应通过面板数据个体固定效应进行控制。

④改变真实盈余管理综合指标度量方法。根据Cohen等（2010）的方法，变换度量真实盈余管理程度的综合指标AREM1和AREM2（AREM1 = | R_PROD - R_EXP |，AREM2 = | - R_CFO - R_EXP |），用AREM1和AREM2替换文中的AREM，重复模型（4-5）的估计，实证结果没有实质性变化，结果列示于表4-16。

表4-16　　风险承受水平对盈余管理程度的回归分析结果

变量	模型（4-5）	
	AREM1	AREM2
RISK	0.372** (2.20)	0.282** (2.41)

续表

变量	模型（4-5）	
	AREM1	AREM2
AUD	0.427 (1.04)	-0.104 (-0.30)
OWN	0.014 (0.02)	-0.207 (-0.33)
SOE	0.163 (0.63)	0.151 (0.89)
ROA	2.994 *** (3.48)	2.004 *** (2.96)
SIZE	-0.805 *** (-4.50)	-0.604 *** (-5.13)
LEVERAGE	0.416 (0.82)	-0.063 (-0.17)
GROWTH	0.334 ** (2.06)	0.377 *** (4.11)
LISTAGE	0.216 *** (6.50)	0.166 *** (7.40)
PAY	-0.081 (-0.67)	-0.078 (-1.00)
SDCFO	-28.717 *** (-13.82)	-21.852 *** (-17.21)
Constant	20.885 *** (5.80)	15.732 *** (6.97)
Fixed Effects	Industry & Year	
N	9061	9061
R^2	0.052	0.074
F值	16.71 ***	21.68 ***

注：变量说明见表4-1，***、** 和 * 分别表示1%、5%和10%的水平上显著，括号中为t值，行业效应通过面板数据个体固定效应进行控制，采用稳健标准误。

⑤替换盈余管理代理变量（剔除机会主义盈余管理）。盈余平滑也是盈余管理的一种度量指标，公司如果恰当使用盈余平滑，可以促使公司沟通预期可持续盈余能力而向市场传递内部信息（Scott，2012）①，Barnea 等（1975）认为利润平滑就是一种信息传递机制，Dou 等（2013）更是利用盈余管理的信息含量价值的方式对盈余平滑进行剥离，区分信号传递盈余管理和机会主义盈余管理。所以本书按照陈小林和林昕（2011）、Dou 等（2013）的方法剥离出"信号传递"盈余管理和"机会主义"盈余管理，进一步检验公司风险承受对盈余管理行为的影响，实证结论没有本质性变化，实证结果报告于表4－15。

首先，参照 Dou 等（2013）的方法，构建盈余平滑的三个度量指标：Smooth 1 即经营性现金流波动性与净利润波动性之比值；Smooth 2 即应计项目变化量与经营性现金流变动的 Pearson 相关系数乘以－1；Smooth 3 即操纵性应计项目与未经操纵的净利润（净利润减去操纵性应计项目）的相关系数乘以－1。三个指标取值越大即盈余平滑越多。

其次，利用模型4－7进行分年度分行业回归获得系数 b_3。

$$Return_{i,t} = b_0 + b_1 EPS_{i,t-1} + b_2 EPS_{i,t} + b_3 EPS_{t3} + b_4 Return_{t3} + \mu_{i,t} \tag{4-7}$$

其中，$Return_{i,t}$为 i 公司 t 年末个股回报率；$EPS_{i,t}$为 i 公司 t 年末公司普通每股收益；$Return_{t3}$为 i 公司 t＋1 至 t＋3 年普通每股收益的加总，是按照复利计算的 i 公司 t＋1 至 t＋3 的年个股回报，即 $(1 + Return_{t+1})(1 + Return_{t+2})(1 + Return_{t+3})$。

最后，将盈余平滑和系数 b_3按照模型（4－8）进行单因素回归，控制年度和行业，模型（4－8）回归得到的预测值即具有信号传递动机的盈余平滑（Smoothinfo），残差部分即机会主义动机的盈余平滑（Smoothgar）。

① 威廉·R. 斯科特. 财务会计理论［M］. 陈汉文等译. 北京：中国人民大学出版社，2012：353.

$$Smooth_{i,t} = \alpha_0 + \alpha_1 \times b_3 + \mu_{i,t} \quad (4-8)$$

表4－17显示，公司风险承受水平增加，信号传递的盈余平滑显著增加（系数显著为正），但是机会主义的盈余平滑没有显著变化，甚至显著减少（系数显著为负或者不显著）。

表4－17 公司风险承受水平对信号传递动机盈余管理回归结果

变量	模型（4－5）					
	Smooth1		Smooth2		Smooth3	
	Smoothinfo	Smoothgar	Smoothinfo	Smoothgar	Smoothinfo	Smoothgar
RISK	0.007*	−0.169	0.017*	−0.036*	0.001*	−0.034*
	(0.004)	(0.185)	(0.000)	(0.020)	(0.000)	(0.020)
AUD	0.001	−0.017	0.010	0.091	0.010	0.017
	(0.006)	(0.349)	(0.000)	(0.114)	(0.000)	(0.127)
OWN	−0.060	0.080	−0.002	0.155	−0.013	−0.117
	(0.039)	(1.621)	(0.001)	(0.210)	(0.000)	(0.268)
SOE	−0.029	0.413	−0.001	0.122	−0.230	0.095
	(0.019)	(0.639)	(0.001)	(0.091)	(0.000)	(0.065)
ROA	−0.059	−1.053*	−0.002	0.241	−0.000	−0.065
	(0.043)	(0.605)	(0.001)	(0.255)	(0.000)	(0.269)
SIZE	−0.000	0.198	−0.000	0.015	−0.000	0.035
	(0.007)	(0.296)	(0.000)	(0.048)	(0.000)	(0.051)
LEVERAGE	−0.035	−1.608*	−0.001	−0.220	−0.000	0.100
	(0.025)	(0.869)	(0.001)	(0.137)	(0.000)	(0.171)
GROWTH	−0.005	−0.237	−0.000	−0.030	−0.000	−0.003
	(0.005)	(0.155)	(0.000)	(0.023)	(0.000)	(0.025)
LISTAGE	−0.015***	−0.076	−0.000***	0.021*	−0.000***	0.034***
	(0.002)	(0.091)	(0.000)	(0.012)	(0.000)	(0.013)
PAY	0.006	−0.106	0.000	0.005	0.000	−0.050*
	(0.005)	(0.191)	(0.000)	(0.037)	(0.000)	(0.029)

续表

变量	模型（4－5）					
	Smooth1		Smooth2		Smooth3	
	Smoothinfo	Smoothgar	Smoothinfo	Smoothgar	Smoothinfo	Smoothgar
Constant	3.145***	－1.491	0.710***	－0.675	0.718***	－0.541
	(0.155)	(6.027)	(0.005)	(0.911)	(0.001)	(0.940)
Fixed Effects	YES					
N	3254	3254	3254	3254	3254	3251
R^2	0.056	0.004	0.056	0.011	0.056	0.011
F 值	16.82***	1.41	16.82***	1.98**	16.82***	2.22**

注：变量说明见表4－1，***、** 和 * 分别表示1%、5%和10%的水平上显著，括号中为标准误，使用固定效应稳健标准误进行模型估计，行业效应通过面板数据个体固定效应进行控制。由于后两个盈余平滑指标较小，分离出的因变量 Smoothinfo 较小，对模型（4－5）回归时对公司风险承受水平进行对数化的处理。

⑥剔除被处罚和重述的样本。Baderscher（2012）发现，那些为了达到盈利目标进行操纵的财务重述公司更多出于机会主义动机，外部投资者普遍认为蓄意操纵的上市公司盈余质量很低，市场反应为负。因此本书将受到证监会、上海证券交易所和深圳证券交易所处罚的样本（599家公司的1467个观察值）和手工筛选的因为操纵发生重述的样本（256家公司的371个观察值）从总样本中剔除，得到8599个观察值，重复模型（4－5）的估计，滞后一期的处理使观察值减少到7423个。实证结果列于表4－18，结论没有发生本质变化。

表4－18 风险承受水平对盈余管理程度的（剔除处罚和重述样本）回归分析结果

变量	模型（4－5）				
	ADA	A_CFO	A_PROD	A_EXP	AREM
RISK	0.167	0.151	0.232*	0.093	0.540**
	(1.37)	(1.62)	(1.77)	(1.27)	(2.31)

续表

变量	模型（4－5）				
	ADA	A_CFO	A_PROD	A_EXP	AREM
AUD	0.005 (0.02)	－0.074 (－0.31)	0.009 (0.03)	－0.102 (－0.50)	－0.071 (－0.14)
OWN	－0.119 (－0.19)	0.410 (0.85)	0.640 (0.81)	0.037 (0.10)	0.115 (0.09)
SOE	0.072 (0.41)	0.013 (0.08)	－0.266 (－1.01)	－0.042 (－0.34)	－0.184 (－0.44)
ROA	1.612 ** (2.24)	0.749 (1.53)	1.501 * (1.94)	0.020 (0.04)	2.865 * (1.87)
SIZE	－0.215 * (－1.94)	－0.421 *** (－5.02)	－0.664 *** (－4.21)	－0.235 *** (－2.75)	－1.236 *** (－4.60)
LEVERAGE	－0.013 (－0.03)	0.209 (0.73)	0.557 (1.15)	－0.107 (－0.40)	0.573 (0.72)
GROWTH	0.051 (0.53)	0.166 * (1.88)	0.215 (1.37)	0.203 *** (3.96)	0.541 ** (2.30)
LISTAGE	0.083 *** (3.48)	0.098 *** (5.50)	0.178 *** (6.04)	0.086 *** (4.96)	0.344 *** (6.81)
PAY	－0.041 (－0.57)	－0.062 (－0.93)	－0.055 (－0.55)	－0.045 (－0.89)	－0.184 (－1.15)
SDCFO	－17.404 *** (－12.58)	－15.555 *** (－14.40)	－18.254 *** (－9.73)	－10.317 *** (－12.15)	－36.372 *** (－12.22)
Constant	6.816 *** (3.06)	11.074 *** (6.44)	16.296 *** (5.26)	6.782 *** (4.08)	31.644 *** (5.89)
Fixed Effects	Industry & Year				
N	7423	7423	7423	7423	7423
R^2	0.059	0.060	0.046	0.060	0.059
F值	13.59 ***	15.78 ***	10.73 ***	11.00 ***	13.80 ***

注：变量说明见表4－1，***、** 和 * 分别表示1%、5%和10%的水平上显著，括号中为t值，行业效应通过面板数据个体固定效应进行控制，采用稳健标准误。

⑦剔除金融危机期间的样本。为了排除金融危机期间上市公司机会主义盈余管理行为的干扰，本书剔除 2008～2009 年的观察数据（2131 个观察值），再次进行模型（4－5）的估计，主要结论没有实质性改变，实证结果列于表 4－19。

表 4－19　风险承受水平对盈余管理程度的（剔除金融危机样本）回归分析结果

变量	模型（4－5）				
	ADA	A_CFO	A_PROD	A_EXP	AREM
RISK	0.241**	0.174**	0.229*	0.108	0.565**
	(1.97)	(1.96)	(1.73)	(1.41)	(2.43)
AUD	0.090	0.114	0.080	−0.050	0.211
	(0.38)	(0.54)	(0.22)	(−0.23)	(0.36)
OWN	−0.061	0.339	0.024	−0.276	0.057
	(−0.11)	(0.79)	(0.03)	(−0.83)	(0.05)
SOE	−0.081	−0.032	0.006	0.025	0.097
	(−0.53)	(−0.23)	(0.03)	(0.20)	(0.28)
ROA	0.666	1.606***	2.010***	0.432	4.144***
	(0.86)	(3.15)	(2.73)	(0.83)	(2.80)
SIZE	−0.205**	−0.360***	−0.564***	−0.199***	−1.198***
	(−2.23)	(−5.01)	(−3.65)	(−2.64)	(−5.31)
LEVERAGE	−0.107	0.113	0.046	−0.557**	−0.261
	(−0.27)	(0.43)	(0.10)	(−2.17)	(−0.37)
GROWTH	0.076	0.121	0.359**	0.230***	0.581**
	(0.83)	(1.63)	(2.29)	(3.87)	(2.55)
LISTAGE	0.079***	0.080***	0.157***	0.071***	0.316***
	(3.75)	(5.21)	(5.95)	(4.42)	(7.23)
PAY	−0.028	−0.020	−0.006	−0.012	−0.062
	(−0.38)	(−0.32)	(−0.06)	(−0.22)	(−0.38)
SDCFO	−16.856***	−14.756***	−18.104***	−10.935***	−36.589***
	(−13.47)	(−16.15)	(−10.17)	(−12.56)	(−12.99)
Constant	6.593***	9.391***	13.909***	6.020***	29.566***
	(3.60)	(6.51)	(4.61)	(4.09)	(6.58)

续表

变量	模型（4-5）				
	ADA	A_CFO	A_PROD	A_EXP	AREM
Fixed Effects	Industry & Year				
N	6933	6933	6933	6933	6933
R^2	0.062	0.061	0.048	0.075	0.068
F值	15.81***	19.71***	12.61***	12.56***	16.27***

注：变量说明见表4-1，***、**和*分别表示1%、5%和10%的水平上显著，括号中为t值，行业效应通过面板数据个体固定效应进行控制，采用稳健标准误。

4.5 小　　结

综上所述，本章对上市公司风险承受水平和盈余管理程度的关系进行了理论分析和实证检验。高风险承受的公司更倾向于选择高风险净现值为正的投资项目，这种对风险的选择态度会影响公司其他决策，所以风险承受是公司多种决策的一种综合反映。随着公司风险承受水平的提高，资本市场上的投资者会提高最低风险报酬率作为风险补偿，公司资本成本上升；以股权作为质押的信贷契约也会受到股权被质押的上市公司个股收益率波动的影响，为了迎合投资者的预期，避免违反信贷契约中的限定性条款，公司管理层有动机利用平稳的盈余指标影响投资者对公司经营绩效的评价，促进信贷契约的签订和履行，盈余管理成为传递公司发展前景的信号机制，可以有效降低公司的交易成本。因此，随着公司风险承受水平的提高，盈余管理程度增加。实证结果和稳健性检验都支持这一结论。

本章进一步分析：当国内的上市公司选择在海外上市，可以打破市场壁垒，迅速降低融资成本，分散风险，信息披露的水平更高，因此减弱了公司通过盈余管理缓解契约摩擦、进行信号传递的动机。本章将上市公司样本分为交叉上市和非交叉上市两个分样本，实证结果显示，交叉上市的分样本中公司风险承受对盈余管理程度的正向影响不显著。从国内治理环境来看，各个地区的市场化进程、政府干预程度和法制化水平存在较大差异，对当地上市公司的盈余管理动机存在重要影响，政府干预会严重影响市场机制的运行，干扰司法制度的公平。因此，市场化进程高、政府干预较少而且法制化水平高的地区，上市公司风险承受不会受到政府的干预，资本市场的运行环境更优，公司进行盈余管理的动机更弱。盈余管理作为一种信号传递机制，可以增加公司盈余的信息含量，本章的实证结果也证实公司风险承受水平上升后，管理层的真实盈余管理行为可以有效地增加盈余的信息含量。当公司信息环境较好，外部利益相关者的信息获取成本较低时，公司风险承受水平与盈余管理程度的正相关关系会减弱。

第5章 公司风险承受与盈余管理方式

在第4章研究公司风险承受水平对盈余管理程度的影响基础上，本章继续就公司风险承受对盈余管理方式的影响进行了理论分析和实证检验。

5.1 问题提出

现有文献发现公司进行盈余管理的方式可以分为两大类：一类是应计项目操纵，即通过会计政策和会计估计的变更来操纵当期的应计项目，包含应收账款、资产减值损失和坏账准备等，达到改变公司当年报告盈余指标的目的；另一类是构建真实交易活动，即通过关联方交易、操纵费用、资产重组、签订股权回购协议、出售资产和有价证券等，改变公司当期的现金流，最终达到改变公司报告盈余指标的目的。

关于应计盈余管理和真实盈余管理的研究结论，在以下几个方面存在较大差异：第一，盈余管理的时间。Graham 等（2005）研究发现，应计盈余管理主要发生在会计年度结束，而真实盈余管理往往贯穿在整个会计年度。但是 Baderscher（2011）发现，上市公司管理层倾向于先进行应计盈余管理，然后进行真实盈余管理。第二，盈余管理的成本。应计盈余管理主要是在利用会计政策的选择调整应计利润在不同会计期间的分配，操作比较容易，真实盈余管理需要偏离公司最优经营决策，永久改变公司的现金流入，操作成本较高（王福胜等，2014）。但是应计盈余管理更容易被审计部门发现，面对较高的处罚成本，真实盈余管理难以与正常经营活动区分，被发现和查处的概率较低（蔡春等，2013）。第三，盈余管理的后果。Kim 等（2010）发现，真实盈余管理永久性改变了公司的现金流，对公司产期业绩损害更大。但是 Gunny（2010）研究发现，进行真实盈余管理的上市公司未来三年的经营业绩优于没有使用真实盈余管理的上市公司。

公司管理层如何选择两种盈余管理方式在现有文献中也没有形成统一的结论，有文献认为公司会从应计盈余管理转向真实盈余管理（Graham et al.，2005），也有文献发现公司会权衡两种盈余管理方式的成本，在两种策略中间进行选择（Zang，2011）。国内研究还发现，两种盈余管理方式之间存在“合谋”，用于满足公司不同的需要，如投资过度、被迫退市、创业板上市等（谢柳芳等，2013；李彬和张俊瑞，2013）。综上所述，公司管理层对盈余管理方式的选择，不仅要考虑盈余管理方式的实施成本，还要考虑满足公司发展的具体需要。本章主要围绕以下问题展开：第一，随着公司风险承受水平上升，管理层会怎样选择盈余管理方式？第二，公司所有权性质不同，是否会影响管理层盈余管理方式的选择？第三，公司的会计稳健性程度不同，是否会影响管理层盈余管理方式的选择？

随着市场体系的建立和竞争程度的加剧，公司在经营活动过程中会面临各种不确定的选择并承担相应风险。公司风险承受水平上升恰恰反映了公司对预期现金流不确定性的态度和抉择，公司更可能选择高风险高收益的投资项目，积极进行研发创新，是提升公司价值和促进公司发展的重要举措，也成为经济增长的重要原动力。公司外部利益相关者通过对公司的资源投入，建立隐性或者显性的契约，同时承担公司的风险，如果缺乏对公司未来发展战略的了解，要么在契约价格基础上增加风险溢价，要么取消契约关系，导致交易成本上升。管理层为了平衡利益相关者的利益，也希望以一种间接的方式与利益相关者就公司发展的前景进行沟通，会对盈余指标进行调整。

首先，满足与利益相关者之间的正式契约要求，降低交易成本成为管理层进行盈余管理的首要动力。公司的风险承受水平上升带来的不确定性，一方面会增加公司利益相关者的信息搜集成本、决策成本等，这些成本会内化到双方签订的契约价格中，尽管契约双方为了降低重复签订契约、不断讨价还价的成本而选择签订长期契约，但是长期契约一般是不完备的，所以要不断进行修正；另一方面外部利益相关者是公司内部信息的弱势群体，如果得不到更多关于公司持续经营未来价值的信息，可能会中断合作关系和要求更高的风险溢价，这些都会使双方的交易成本上升。盈余管理显然可以缓和这些契约中的以会计指标为基础的条款对公司的约束，促进外部利益相关者掌握私有信息，降低双方之间的交易成本。

其次，维护与利益相关者之间的隐含契约是管理层进行盈余管理的重要动力。隐含契约即关系契约，主要是指公司管理层与股东、供应商、贷款者、顾客等之间的一种长期合作关系，也代表着一种基于公司过去业务的期望行为（Scott，2012）[①]，例如，公司和管理层如果具有遵守正式契约的声誉，能够从银行或其他金融机构那里获得优惠的利率，从供应商那里获得更低的价格等。也就是说，双方相互信任，按照似乎存在契约的方式进行。为了增强公司投资者和其他利益相关者的信心，维系双方之间的合作关系，提高公司的声誉，公司管理层的盈余管理行为会增加。

最后，克服信息沟通障碍，传递公司发展的强信号是管理层进行盈余管理的关键动机。公司选择承受适度的风险，选择长期的发展战略，这类内部信息非常复杂，直接对外披露是不可信的，因为外部利益相关者和市场要去验证它成本非常高，沟通障碍客观存在，管理层倾向于沟

① ［美］威廉·R. 斯科特. 财务会计理论［M］. 陈汉文等译. 北京：中国人民大学出版社，2012：359.

通企业长期、可持续的盈利潜能，会通过真实交易或者会计政策的选择行为对外披露信息，这种方式更为可信，因为市场和其他股东都知道报告过高、非持续性的盈利水平的管理层是不明智的，未来盈利额下滑时通过市场反应受到更加严厉的惩罚。盈余管理活动不可避免，这些行为是基于公司内部信息产生的。这些信息被外部利益相关者和市场解读后，能够缓解交易成本的上升趋势，为公司的长期发展争取必要的空间和资源，公司的长期发展战略才能实现。

公司风险承受水平影响盈余管理行为的作用机理如图 5－1 所示。公司承受风险水平会对盈余管理行为的方式发生怎样的变化，怎样才能正常发挥盈余管理的信号传递作用。本章接下来将从盈余管理方式角度，分析公司风险承受对盈余管理的作用规律。

5.2 理论分析与研究假设

现有文献主要是从公司自身行为和公司外部环境两个方面研究公司风险承受水平与盈余管理行为的关系。Grant 等（2009）研究发现，在股权激励下，管理层愿意选择高风险投资项目，为了分散风险，管理层会大量使用盈余平滑手段。Neffati（2011）和石军（2011）研究发现，过度的投资行为不仅增加公司的投资风险，同时会影响公司经营风险，管理者为了掩饰管理失效会利用操纵性应计项目操纵盈余。利用其他变量代理盈余管理也能反映出投资风险（高成长性）对盈余管理之间的正向影响，如达到预测目标（McVay et al.，2006）、证监会处罚公告（Dechow et al.，2011）。但是 Lee 等（2006）没有找到证据支持这个影响。Neffati（2011）与张玲和刘启亮（2009）发现，企业债务风险随债务水平增加而上升，债务契约中存在很多以会计数据为基础的限制性条款，管理者有动机利用应计盈余管理调高盈余以降低自身违约风险和违约成本；李延喜等（2007）发现，公司付息债务比例越高，承受的财务

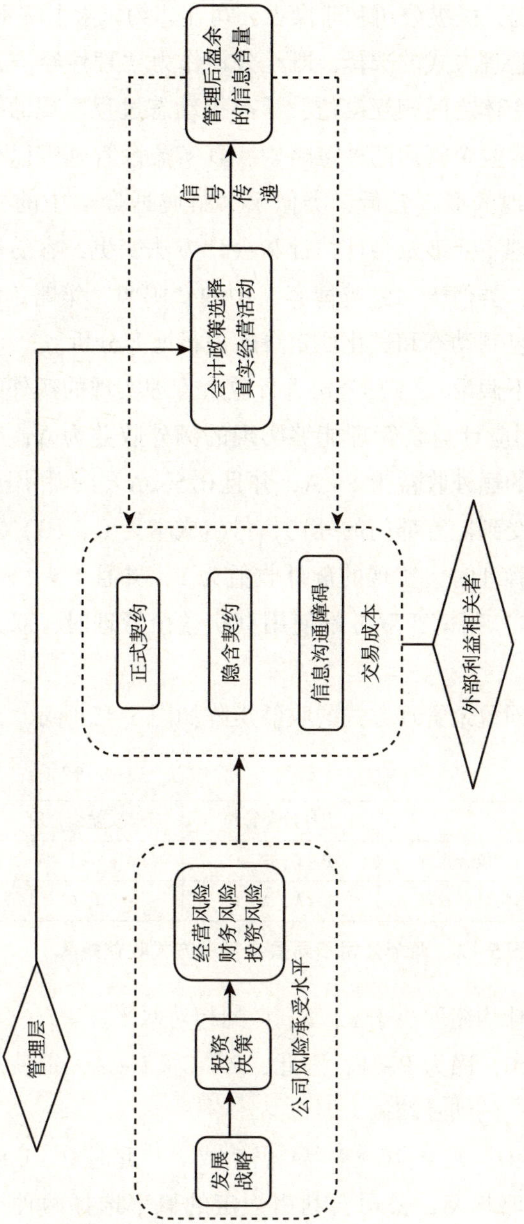

图5-1　公司风险承受水平与盈余管理的作用机制

压力越大，盈余管理的动机越明显。但是 DeAngelo 等（1994）和 Beneish（1999）发现，操纵公司和非操纵公司在违约风险上并不存在差异。

公司对盈余管理方式的选择，既是公司作为“理性经济人”的自我选择，也是通过个体之间相互模仿、学习等动态过程实现的结果。公司采取的应计和真实盈余管理两种策略中，真实盈余管理难以与真实交易活动区分，被发现的概率较低，类似于“蛙鸣博弈”中的“不鸣”策略。应计盈余管理主要涉及会计估计和会计方法变更，容易被监督部门发现，风险较高，类似于“蛙鸣博弈”中的“鸣叫”策略。所以，本书套用蛙鸣博弈的复制动态和进化稳定策略进行博弈分析。

本书作出如下假设：(1) 公司进行盈余管理实现的额外收益空间为 1。(2) 公司采用应计盈余管理能够实现的额外收益为 A，采用真实盈余管理能够实现的额外收益为 1 - A，并且 0.5 < A < 1；利用应计项目进行盈余管理可能受到监管部门的处罚，付出成本为 C。(3) 当博弈双方都使用应计盈余管理时，实现的额外收益为 P，并且 1 > P > A，同样都付出成本 C。(4) 当博弈双方都使用真实盈余管理时，双方额外收益为 0。

公司使用不同盈余管理方式的收益矩阵如图 5 - 2 所示。

公司1 \ 公司2	应计盈余管理	真实盈余管理
应计盈余管理	P - C，P - C	A - C，1 - A
真实盈余管理	1 - A，A - C	0，0

图 5 - 2　两个公司不同盈余管理方式收益矩阵

该博弈的纳什均衡取决于 P，A，C 的相对水平。

(1) A - C < 0，因为 P < 1，因此，P - C < 1 - A，都使用真实盈余管理是该博弈唯一的纳什均衡。

(2) A - C > 0，当 P - C < 1 - A 仍然成立，此时 P - 1 + A < C < A，存在一个混合策略均衡，公司会利用一定的概率选择两种盈余管理方式；当 P - C > 1 - A 时，此时 P - 1 + A > C，两公司都选用应计盈余管理是唯一纳什均衡。

上述博弈过程基于公司的完全理性和最优化选择，可以看出使用应计盈余管理处罚成本是影响纳什均衡的关键因素，实际中公司可能存在有限理性。本书利用进化博弈过程进一步进行研究。

N 家公司进行随机配对博弈，在 N 家公司中有比例为 X 的公司采用应计盈余管理，有（1 - X）比例的公司采用真实盈余管理。其中，X 随时间 t 变化而变化，公司随时间变化采用两种盈余管理方式的期望收益和群体平均期望收益分别为：

$$U_{应计} = X \times (P - C) + (1 - X) \times (A - C)$$

$$U_{真实} = X \times (1 - A) + (1 - X) \times 0 = X\ (1 - A)$$

$$\bar{U} = X \times U_{应计} + (1 - X) \times U_{真实}$$

根据上述得益得到复制动态模型：

$$F(X) = X \times (U_{应计} - \bar{U})$$

令 F（X）=0，得到复制动态的三个稳定状态：

$$X_1^* = 0,\ X_2^* = 1, X_3{}^* = \frac{A - C}{1 - P}$$

$$F'(0) = A - C$$

$$F'(1) = 1 - P - A + C$$

$$F'\left(\frac{A - C}{1 - P}\right) = \frac{(C - A)(1 - P - A + C)}{1 - P}$$

情形 1：当$\frac{A - C}{1 - P} < 0$时，上述复制动态方程的不动点只有 $X_1^* = 0$，$X_2^* = 1$，根据稳定性原理 $F'(X) < 0$，只有 $X_1^* = 0$ 为进化稳定策略 ESS，复制动态相位图如图 5 - 3（1）所示。情形 1 说明公司面对的监管处罚很高，所以公司会逐渐完全选用真实盈余管理。目前，新会计准则允许的应计盈余管理空间较小，但仍然存在，公司不会完全选用真实盈余管理。

情形 2：当$0 < \frac{A - C}{1 - P} < 1$时，即 $1 - P - A + C > 0$，$A - C > 0$ 同时成

立，上述复制动态方程的不动点有三个，根据稳定性原理 $F'(X)<0$，只有 $X_3^*=\frac{A-C}{1-P}$为稳定策略 ESS，复制动态相位图如图 5－3（2）所示。情形 2 说明有$\frac{A-C}{1-P}$比例的公司会选用应计盈余管理方式，而（$1-\frac{A-C}{1-P}$）比例的公司会选用真实盈余管理。通常一家公司不会只选用一种盈余管理方式，所以最终会按照这个比例同时使用两种盈余管理方式。很明显，高风险的公司会受到监管部门的更多关注，面对的处罚成本更高（C 更大），$\frac{A-C}{1-P}$更小，所以会更多地使用真实盈余管理。

情形 3：当$\frac{A-C}{1-P}>1$时，上述复制动态方程的不动点只有 $X_1^*=0$，$X_2^*=1$，根据稳定性原理 $F'(X)<0$，只有 $X_2^*=1$ 为进化稳定策略 ESS，复制动态相位图如图 5－3（3）所示。情形 3 说明，使用应计项目进行盈余管理处罚成本很小（C 趋近于 0），公司会完全使用应计盈余管理。显然，新会计准则已经缩小了应计盈余管理空间，这种情况实际上并不存在。

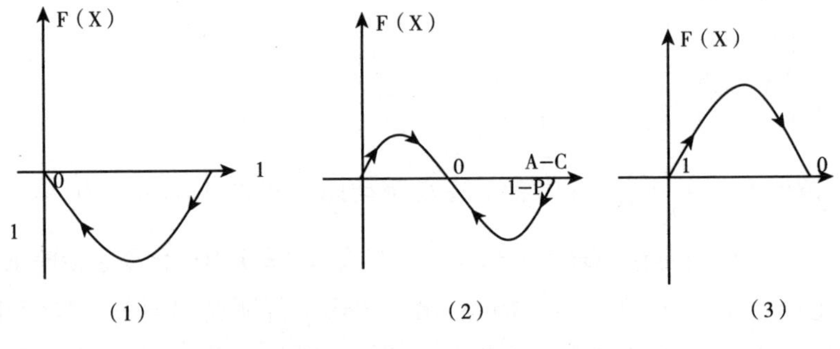

图 5－3　情形 1、情形 2、情形 3 动态相位图

如果没有监管环境的约束，与真实盈余管理相比，应计盈余管理具有成本优势。应计盈余管理可以在期末了解未调整盈余与盈余期望差异的情况下进行，不会直接影响公司现金流，操作较为容易，通过会计估计和会计方法的变更在不同会计期间调整盈余（Cohen et al.，2008；Badertscher，2011），操纵成本较小；真实盈余管理需要在会计期间内选择合适的交易时间，会永久性改变公司的现金流，偏离公司最优的经营策略，操纵成本较大。

但是外部监管制度会改变信息披露者进行盈余管理的成本。目前的监管制度对应计盈余管理的监管标准和界定更加明晰，一旦发现，会给予严厉的处罚，在资本市场上引起剧烈的负面反应，提高了管理层进行应计盈余管理的成本；由于对真实盈余管理进行监管的成本过高，还没有建立较为有效的监管标准和处罚标准，相对降低了公司进行真实盈余管理的成本（Ewert and Wagenhofer，2005）。龚启辉等（2015）通过理论模型发现，一类盈余管理成本增加会导致该类盈余管理的程度减少，另一类盈余管理程度增加，并利用长期资产的减值转回和处置交易进行了实证检验，证实真实盈余管理与应计盈余管理之间的部分替代关系。

风险承受水平高的上市公司会受到证监会、交易所和审计师的更多关注。激进的会计方法更容易被发现，应计盈余管理的使用程度还会受到会计弹性（李彬等，2009，2011）、以前年度盈余操纵状况的诸多限制，应计盈余管理操纵时间主要是在期末，实施过程受到审计人员的监督，存在较大风险（陈小林和林昕，2011）。相反，真实盈余管理主要通过改变销售策略、调整费用、操纵生产、销售资产、回购股票等手段，影响企业当期的现金流（Cohen and Zarowin，2010；Badertscher，2011），在目前的监管制度和审计制度下，难以与正常业务活动进行区分（Zang，2011），真实盈余管理方式被监管部门和审计人员进行详细审查的概率很小（Graham et al.，2005；Cohen et al.，2008；Zang，2011）。

现有文献发现，公司为了控制盈余的波动，会同时使用应计盈余管理和真实盈余管理两种方式（Pincus and Rajgopal，2002；Zang，2011）。Evans等（2015）研究发现，在外部披露环境的压力增加时，上市公司的盈余管理程度并没有减少，但是迫使应计盈余管理向真实盈余管理转变。因此，当公司风险承受水平上升，为了能够迎合投资者的预期，成功传递公司发展的信息，降低公司的交易成本，管理层会趋向于采用更隐蔽的真实盈余管理方式。为此，本章提出第一个假设。

假设1：随着公司风险承受水平上升，与应计盈余管理方式相比，管理层更倾向于使用真实盈余管理方式。

终极控制人性质不同会直接影响公司对盈余管理方式的选择。在我国市场经济发展过程中，国有控股公司的经营目的不仅是公司价值的最大化，更多的是社会服务和社会资源的分配，所以国有控股公司能够得到政府更多的支持。而非国有控股公司的经营目标较为单一，承受的市场压力较大，两者存在很大区别。国有控股公司对业绩的敏感程度较低(薄仙慧和吴联生，2009)，高燕（2008）发现与国有控股公司相比，非国有控股公司的应计盈余管理活动更多。国有控股公司的财务制度更为健全，受到更严格的法律监管，进行应计盈余管理被出具非标意见的概率更大；由于投资主体政府的存在，国有控股公司经营过程中能够获得更多的盈利机会。真实盈余管理需要偏离公司最优经营决策，非国有控股公司在巨大的市场竞争压力下实施困难较大，李增福等（2013）发现，国有控股公司真实盈余管理的程度显著高于非国有控股上市公司。基于此，本章提出第二个假设。

假设2：与非国有控股公司相比，随着公司承受风险水平上升，国有控股公司对真实盈余管理的倾向性更强。

声誉机制认为，审计失败对大型会计师事务所的影响更大，客户损失更多，经济损失更多（DeAngelo，1981）；“深口袋”效应认为，大型会计师事务所的规模大，财力雄厚，发生损失的利益相关者会要求更多的赔偿（Dye，1993）。因此，大型会计师事务所为了避免更大的名誉损失和财力损失，会更加谨慎，可能提供更高质量的审计服务，对于上市公司盈余管理的甄别和监管能力更强，对上市公司盈余管理方式转换的抑制作用明显。同时，陈朝龙和李军辉（2013）发现，由于国有非国有控股公司股权结构的差异，大型会计师事务所的审计质量在非国有控股公司显著高于小型会计师事务所，但在国有控股公司中两者的审计质量没有显著差异。因此，我们提出第三个假设。

假设3：非国有控股公司中，公司风险承受水平上升，由大型会计师事务所审计的公司对真实盈余管理的倾向性显著小于由小型会计师事务所审计的公司。

会计稳健性是指利得和损失的确认阈值的不对称性（Basu，1997），这种确认的要求导致利得和损失在盈余确认的及时性上存在不对称性。一般来说，影响公司稳健性程度的因素有：契约约束（债务契约和薪酬契约）、法律诉讼、税收和监管（Watts，2003）。Ahmed 等（2002）研究发现，公司的投资者和债权人的利益冲突与会计信息的稳健性程度正相关，会计稳健性可以缓解股东和债权人之间的冲突。Basu（1997）发现，上市公司在高诉讼期，会计的稳健性会上升。毛新述和戴德明（2008）则发现，中国资本市场的特殊规定产生的监管力度是稳健性增强的重要原因。因此，稳健性程度更高的上市公司可能面对更高的债务契约约束、诉讼风险或者更大的监管压力。Ohlson（2014）发现，随着公司的会计稳健性程度的提高，公司的应计项目操纵会下降。风险承受水平上升、稳健性程度高的公司，由于面对更高的融资约束和监管风险，会更倾向于进行真实盈余管理。因此，本章提出第四个假设。

假设4：公司风险承受水平上升、会计稳健性程度高的上市公司对真实盈余管理的倾向性更强。

5.3 研究设计和样本选择

5.3.1 研究设计

(1) 会计稳健性程度（CONSERVE1）的衡量（盈余分布的偏度）。Givoly 和 Hayn（2000）发现，稳健性会导致盈余分布呈现负偏的情况，因此盈余分布的偏度可以用于衡量公司的会计稳健性程度。本书仿照 Zhang（2008）和 Beatty 等（2008）的做法，利用资产报酬率的偏度和经营性现金流的偏度之差乘以 -1 计算公司层面稳健性程度，这个指标的数值越大，说明公司的会计稳健性越强：

$$CONSERVE1_{i,t} = -1 \times \{E(ROA_{i,t} - \mu_{ROA})^3/\sigma^3 - E[(CFO/A)_{i,t} - \mu_{CFO/A}]^3/\sigma^3\} \quad (5-1)$$

其中，$ROA_{i,t}$是 i 公司在 t 会计年度的资产报酬率；$(CFO/A)_{i,t}$是 i 公司 t 会计年度的经营性现金流与期末总资产的比值；μ 和 σ 分别是 ROA（或 CFO/A）连续三年半年报和年报披露结果计算的均值和标准差；$E(ROA_{i,t} - \mu_{ROA})^3/\sigma^3$表示偏度的计算公式。

（2）研究模型。

为了验证假设 1 即公司风险承受水平上升对真实盈余管理的倾向性，本书借鉴 Zang（2011）的做法，设定联立模型（5-2）和模型（5-3）检验风险承受水平对管理层盈余管理方式的影响。由于应计盈余管理直接受到会计弹性的影响（张子余和张天西，2011），在模型（5-3）中增加控制变量会计弹性（FLEX），部分变量见表 5-1。

表 5-1　　部分变量定义及计算方法

DA	应计盈余管理方式	修正 Jones 模型残差
REM	真实盈余管理方式综合指标 1 REM1	异常操纵性生产成本减去异常操纵性费用（R_PROD - R_EXP）
	真实盈余管理方式综合指标 2 REM2	异常经营性现金流乘以 -1 减去异常操纵性费用（-R_CFO - R_EXP）
	真实盈余管理方式综合指标 3 REM3	异常经营性现金流乘以 -1 减去异常操纵性费用加上异常生产成本（-R_CFO + R_PROD - R_EXP）
FLEX	会计弹性	$NOA_{i,t}/S_{i,t} - NOA_{i,t-1}/S_{i,t-1}$，值越大说明公司当期比上一期的资产高估越严重，当期会计弹性越小，加入模型（5-3）中

$$
\begin{aligned}
REM_{i,t} = {} & \alpha + \beta_1 RISK_{i,t-1} + \beta_2 DA_{i,t} + \beta_3 RISK_{i,t-1} \times DA_{i,t} + \beta_4 SOE_{i,t-1} + \\
& \beta_5 BIG10_{i,t-1} + \beta_6 OWN_{i,t-1} + \beta_7 ROA_{i,t-1} + \beta_8 SIZE_{i,t-1} + \\
& \beta_9 LEVERAGE_{i,t-1} + \beta_{10} GROWTH_{i,t-1} + \beta_{11} LISTAGE_{i,t-1} + \\
& \beta_{12} PAY_{i,t-1} + IND + YEAR + \mu_{i,t} \qquad (5-2)
\end{aligned}
$$

$$
\begin{aligned}
DA_{i,t} = {} & \alpha + \beta_1 RISK_{i,t-1} + \beta_2 REM_{i,t} + \beta_3 RISK_{i,t-1} \times REM_{i,t} + \beta_4 SOE_{i,t-1} + \\
& \beta_5 BIG10_{i,t-1} + \beta_6 OWN_{i,t-1} + \beta_7 ROA_{i,t-1} + \beta_8 SIZE_{i,t-1} + \\
& \beta_9 LEVERAGE_{i,t-1} + \beta_{10} GROWTH_{i,t-1} + \beta_{11} LISTAGE_{i,t-1} + \\
& \beta_{12} PAY_{i,t-1} + \beta_{13} FLEX_{i,t-1} + IND + YEAR + \mu_{i,t} \qquad (5-3)
\end{aligned}
$$

联立方程模型（5－2）中，因变量是真实盈余管理，包含真实盈余管理的三个综合变量指标（REM1、REM2、REM3），交互项（RISK × DA）的系数可以反映出公司风险承受水平上升时对真实盈余管理的倾向性，本书预期风险承受水平 RISK 系数显著为正，交互项的系数显著为负；模型（5－3）中，因变量是应计盈余管理，交互项（RISK × REM）可以反映出公司风险承受水平上升时对真实盈余管理的倾向性，本书预期风险承受水平 RISK 系数显著为负，交互项的系数显著为负。

为了检验假设2、假设3和假设4，本书将对全样本分别按照国有、非国有控股公司是否由前十大会计师事务所审计和会计稳健性程度高低分样本进行模型（5－2）、模型（5－3）的估计。

5.3.2　样本选择和数据来源

本章的研究样本来自2004～2013年在上海、深圳交易所上市的所有A股主板上市公司，数据来自国泰安（CSMAR）数据库，并对样本数据做以下筛选：（1）删除金融业上市公司；（2）删除ST公司；（3）对变量观察值缺失的研究样本予以删除；（4）删除无5个连续观察值的上市公司；（5）除哑变量以外所有变量观察值在上下1%的水平上进行Winsorize处理。最后得到1373家公司10437个观察值，由于模型中使用滞后一期的处理，模型估计的观察值又减少1376个。

5.4 实证检验

5.4.1 描述性统计

表5-2是盈余管理方式变量的描述性统计特征。应计盈余管理方式的均值是0.003，与三个真实盈余管理方式的均值差异都较大，应计盈余管理方式的标准差（0.091）远远小于真实盈余管理方式的标准差，说明上市公司进行应计盈余管理的差异较小，而进行真实盈余管理方式的差异较大。

表5-2　　　　盈余管理方式变量的描述性统计

变量	N	MEAN	25%	50%	75%	SD
DA	10437	0.003	-0.043	0.002	0.046	0.091
REM1	10437	-0.032	-0.127	-0.027	0.070	0.211
REM2	10437	-0.010	-0.070	-0.002	0.059	0.130
REM3	10437	-0.031	-0.139	-0.015	0.096	0.255

注：变量定义见表4-1和表5-1。

5.4.2 单变量分析

表5-3、表5-4和表5-5是盈余管理方式变量分别按照是否是国有控股上市公司、是否由十大会计师事务所审计和会计稳健性程度高低分组的描述性统计，本书主要列示变量的分组样本特征和组间差异。表5-3显示，国有、非国有控股公司样本之间应计盈余管理的中位数不存在明显差异，均值存在较大差异，并且非国有控股公司应计盈余管理明显高于国有控股公司；真实盈余管理的均值和中位数具有明显差别，国有控股公司明显高于非国有控股公司。这与本书的初步分析一致。

表5-3 国有、非国有分样本均值、中位数分析结果

变量	组别	N	均值检验		中位数检验	
			平均值	t值	中位数	z值
应计盈余管理 DA	非国有	3459	0.0049	1.7826**	0.0006	0.51
	国有	6978	0.0015		0.0021	
真实盈余管理 REM1	非国有	3459	-0.0394	-2.6778***	0.2293	-3.372***
	国有	6978	-0.0276		-0.0230	
真实盈余管理 REM2	非国有	3459	-0.0084	0.7652	0.1408	0.711
	国有	6978	-0.0104		-0.0027	
真实盈余管理 REM3	非国有	3459	-0.0379	-1.9356**	0.2803	-1.618
	国有	6978	-0.0276		-0.0137	

注：均值差异检验使用独立样本t检验，中位数差异的检验使用秩和检验，***、**分别表示1%、5%的显著性水平。

表5-4显示，十大、非十大事务所审计的分样本中应计盈余管理程度没有明显差异，但是真实盈余管理程度、风险承受水平存在显著差异。这种差异在国有控股公司中是否仍然存在，需要通过回归结果进行验证。

表5-4 十大、非十大事务所审计分样本均值、中位数分析结果

变量	组别	N	均值检验		中位数检验	
			平均值	t值	中位数	z值
应计盈余管理 ADA	非十大	7312	1.852	0.5101	1.108	-0.166
	十大	3125	1.826		1.111	
异常现金流 A_CFO	非十大	7312	1.758	-2.6916***	1.112	-3.946***
	十大	3125	1.874		1.239	
异常生产成本 A_PROD	非十大	7312	2.610	-5.1669***	1.483	-5.357***
	十大	3125	2.990		1.765	
异常操纵性费用 A_EXP	非十大	7312	1.364	-5.6915***	0.748	-4.357***
	十大	3125	1.607		0.871	
真实盈余管理 AREM	非十大	7312	4.591	-5.4494***	2.699	-5.504***
	十大	3125	5.277		3.166	

续表

变量	组别	N	均值检验		中位数检验	
			平均值	t 值	中位数	z 值
公司风险承受水平 RISK	非十大	7312	0.565	1.9059 **	0.442	-0.635
	十大	3125	0.548		0.447	

注：均值差异检验使用独立样本 t 检验，中位数差异的检验使用秩和检验，***、**分别表示1%、5%的显著性水平。

表5-5显示，公司年度层面会计稳健性程度按照年度行业中位数高低分样本中应计盈余管理均值存在显著差异，真实盈余管理的均值和中位数存在显著差异。

表5-5　　按照会计稳健性程度 CONSERVE1 中位数分样本均值、中位数分析结果

变量	组别	N	均值检验		中位数检验	
			平均值	t 值	中位数	z 值
应计盈余管理 DA	低	5242	-0.0099	-14.2775 ***	-0.0051	-1.608
	高	5195	0.0154		0.0076	
真实盈余管理 REM1	低	5242	-0.0341	-1.2754	-0.0252	-12.267 ***
	高	5195	-0.0288		-0.0279	
真实盈余管理 REM2	低	5242	-0.0139	-3.2901 ***	-0.0031	-0.054
	高	5195	-0.0056		-0.0009	
真实盈余管理 REM3	低	5242	-0.0332	-0.8649	-0.0157	-0.124
	高	5195	-0.0288		-0.0150	

注：均值差异检验使用独立样本 t 检验，中位数差异的检验使用秩和检验，***表示1%的显著性水平。

5.4.3　多元回归分析

(1) 公司风险承受影响盈余管理方式实证回归结果。

本书估计模型（5-2）、模型（5-3）的实证结果列于表5-6。第

(1) 列中，真实盈余管理指标 REM1 作为因变量，应计盈余管理 DA 的系数显著为正的前提下，公司风险承受水平 RISK 的系数显著为正，交乘项（RISK × DA）对真实盈余管理的系数显著为负；应计盈余管理 DA 作为因变量时，真实盈余管理的系数显著为正，公司风险承受水平 RISK 的系数显著为负，交乘项（RISK × REM）系数显著为负，说明风险承受水平上升时，应计盈余管理减少，真实盈余管理增加，真实盈余管理与应计盈余管理之间存在替代关系，管理层更倾向于真实盈余管理方式，证实假设 1。

表 5-6　　公司风险承受水平对盈余管理方式影响回归分析结果
[模型（5-2）和模型（5-3）]

变量	(1)		(2)		(3)	
	REM	DA	REM	DA	REM	DA
RISK	0.309*** (2.82)	-0.705** (-2.50)	0.180*** (2.87)	-1.049 (-0.66)	0.486*** (2.64)	-1.332 (-1.13)
DA	0.552*** (5.02)		0.318*** (5.04)		0.846*** (4.04)	
RISK × DA	-0.536*** (-4.93)		-0.306*** (-4.92)		-0.826*** (-3.99)	
REM		0.198*** (2.65)		0.117 (0.67)		0.385 (1.15)
RISK × REM		-0.203*** (-2.62)		-0.121 (-0.67)		-0.402 (-1.15)
SOE	-0.031 (-0.43)	-0.047 (-0.80)	-0.022 (-0.54)	0.163 (0.51)	-0.055 (-0.50)	0.017 (0.12)
BIG10	-0.180** (-2.15)	-0.118 (-1.57)	-0.106** (-2.20)	-0.416 (-0.63)	-0.282** (-2.07)	-0.235 (-0.95)
OWN	-0.066 (-0.30)	-0.472* (-1.89)	-0.031 (-0.25)	-1.967 (-0.66)	-0.106 (-0.31)	-1.327 (-1.09)

续表

变量	(1)		(2)		(3)	
	REM	DA	REM	DA	REM	DA
ROA	-3.295***	3.262***	-1.866***	7.397	-4.756***	6.254
	(-4.20)	(2.63)	(-4.15)	(0.69)	(-3.57)	(1.17)
SIZE	0.034	0.059*	0.018	0.237	0.059	0.057
	(0.99)	(1.67)	(0.93)	(0.65)	(1.09)	(0.70)
LEVERAGE	0.543***	-0.719**	0.306***	-1.857	0.789**	-1.546
	(2.71)	(-2.38)	(2.68)	(-0.67)	(2.43)	(-1.13)
GROWTH	-0.187*	-0.224*	-0.109*	-0.374	-0.296*	-0.320
	(-1.73)	(-1.73)	(-1.77)	(-0.57)	(-1.72)	(-0.89)
LISTAGE	0.013	-0.023**	0.007	-0.063	0.019	-0.043
	(1.29)	(-1.98)	(1.27)	(-0.65)	(1.21)	(-1.04)
PAY	-0.135***	0.141**	-0.086***	0.824	-0.215**	0.533
	(-2.58)	(2.23)	(-2.86)	(0.67)	(-2.53)	(1.15)
FLEX		-0.039		0.082		-0.006
		(-1.08)		(0.49)		(-0.08)
Intercept	1.066	-1.947**	0.738*	-12.454	1.630	-5.692
	(1.40)	(-2.11)	(1.70)	(-0.67)	(1.37)	(-1.13)
Fixed Effects	Industry & Year					
N	9061	9061	9061	9061	9061	9061
R^2	0.182	0.247	0.159	0.254	0.196	0.260

注：变量说明见表4-1和表5-1，审计质量（BIG10）是按照会计师事务所综合排名前10名确定①，属于前10名取1，否则取0。***、**和*分别表示1%、5%和10%的水平上显著，括号中为t值，使用混合OLS固定效应进行模型估计，行业效应通过面板数据个体固定效应进行控制。

① 大型会计师事务所按照2013年会计师综合评价（2013年7月8日发布）确定前10名，作为大型会计师事务所，分别为普华永道中天会计师事务所、德勤华勇会计师事务所、瑞华会计师事务所、安永华明会计师事务所、立信会计师事务所、毕马威华振会计师事务所、大信会计师事务所、天健会计师事务所、信永中和会计师事务所、大华会计师事务所。

（2）国有、非国有控股公司分样本实证结果。

本章为了验证假设2，按照年报披露的实际控制人性质将全样本划分为国有控股公司组和非国有控股公司组，仍然利用联立方程进行模型（5-2）和模型（5-3）的估计，实证结果列于表5-7。表5-7中，国有控股公司的样本中第（1）列和第（3）列分别以REM1和REM3为真实盈余管理代理变量时，交乘项系数显著为负，说明随着公司风险承受水平上升，管理层越倾向于使用真实盈余管理方式。在非国有控股公司样本中，联立方程结果不显著。实证结果证实本章的假设2。

（3）对国有、非国有分样本按照被十大、非十大会计师事务所审计划分样本实证结果。

本书为了验证假设3，在国有、非国有控股公司的分样本基础上，按照2013年度全国会计师事务所综合排名前10名，将分样本继续分组成十大会计师事务所审计组和非十大会计师事务所审计组，利用面板数据混合OLS固定效应进行模型（5-4）的估计，实证结果列于表5-8。表5-8中数据显示，只有非国有控股公司样本中十大、非十大会计师事务所审计的上市公司对真实盈余管理的倾向性存在差异。由于十大会计师事务所对上市公司的盈余管理行为甄别能力较强，所以被十大会计师事务所审计的上市公司分样本中倾向性不显著，而非十大会计师审计的上市公司的倾向性显著。实证结果证实了假设3，说明十大会计师事务所代表的审计质量对公司盈余管理方式转变的影响只在非国有控股公司中与非十大会计师事务所有差异。这与毛新述和戴德明（2008）的研究结论一致，即大型会计师事务所代表的审计执业能力对公司采取的盈余管理方式具有较强的甄别作用，被审计单位的真实盈余管理方式倾向性不显著。

（4）会计稳健性程度高低对真实盈余管理的倾向性的影响。

上市公司的会计稳健性程度会受到契约约束、税收、法律诉讼和外部监管等因素的影响。本章将全样本按照公司会计稳健性程度的中位数[①]分为会计稳健性程度高组和会计稳健性程度低组，进行模型(5-2)和模型（5-3）的估计。实证结果列示于表5-9。

表5-9描述的是全样本按照盈余峰度计算的会计稳健性程度（CONSERVE1）中位数分组估计的实证结果。第（1）列和第（3）列中分别以REM1和REM3为真实盈余管理代理变量时，交乘项的显著性可以显示出高会计稳健性程度的上市公司，当公司风险承受水平上升时更倾向于进行真实盈余管理方式，而会计稳健性程度低的组，这种倾向性不明显，证实假设4。

（5）稳健性检验。

①会计稳健性程度用盈余—股票收益率模型进行衡量。以往的文献根据会计稳健性原则定义的不同侧重点使用的度量模型不尽相同（Basu，1997；Dechow，1994；Ahmed et al.，2002；Zhang，2008；Beaver and Ryan，2000），本书仿照Zhang（2008）的做法，建立第二个会计稳健性程度评价指数（CONSERVE2）。

首先，利用Basu（1997）公司层面回归模型，求出“坏消息”及“好消息”的盈余敏感系数：

$$E_{i,t}/P_{i,t-1} = \alpha_{0,i} + \alpha_{1,i}D_{i,t} + \beta_{0,i}Return_{i,t} + \beta_{1,i}D_{i,t} \times Return_{i,t} + \varepsilon_{i,t} \tag{5-4}$$

其中，$E_{i,t}$表示i公司在t年度EPS；$P_{i,t-1}$表示i公司在t-1年度期末最后一个交易日的收盘价；$D_{i,t}$为虚拟变量，当$Return_{i,t}$小于0时取1，否则为0；$Return_{i,t}$为t+1年5月到t+2年4月共12个月的公司股票回报率；$\beta_{0,i}$表示会计盈余对好消息的敏感程度；（$\beta_{1,i}+\beta_{0,i}$）表示会计盈余对坏消息的敏感程度。

其次，构建系数比，度量坏消息相对于好消息的盈余敏感程度，度量公司的稳健性程度：

---

① 盈余峰度计算的会计稳健性程度（CONSERVE1）按照行业年度中位数划分组别，Basu（1997）模型计算的会计稳健性程度（CONSERVE2）按照中位数划分组别。

表5-7 国有、非国有上市公司分样本对真实盈余管理的倾向性实证结果［模型（5-2）和模型（5-3）］

变量	(1)				(2)				(3)			
	国有		非国有		国有		非国有		国有		非国有	
	REM	DA	REM	DA	REM	DA	REM	DA	REM	DA	REM	DA
RISK	0.373** (2.39)	-0.506*** (-2.89)	0.206 (1.23)	-1.451 (-0.72)	0.267** (2.24)	-0.841 (-0.83)	0.093 (1.19)	-0.775 (-0.38)	0.577** (2.21)	-0.793* (-1.65)	0.328 (1.17)	-6.835 (-0.12)
DA	0.608*** (3.69)		0.509*** (3.12)		4.226*** (3.07)		2.466*** (3.71)		0.953*** (3.02)		8.039** (2.44)	
RISK×DA	-6.10*** (-3.63)		-0.472*** (-3.07)		-4.229*** (-3.01)		-2.261** (-3.60)		-0.922*** (-2.98)		-7.500** (-2.41)	
REM		1.358*** (3.17)		0.435 (0.74)		7.501 (0.86)		1.164 (0.39)		2.115* (1.72)		2.055 (0.12)
RISK×REM		-1.325*** (-3.12)		-4.196 (-0.73)		-0.786 (-0.85)		-1.170 (-0.39)		-2.217* (-1.71)		-2.110 (-0.12)
Big10	-0.170 (-1.58)	-0.092 (-1.64)	-0.226 (-1.48)	-0.193 (-0.55)	-0.120 (-1.53)	-0.332 (-0.79)	-0.114 (-1.62)	-0.250 (-0.33)	-0.261 (-1.53)	-0.161 (-1.24)	-0.363 (-1.40)	-0.679 (-0.12)
OWN	-0.430 (-1.44)	-0.441** (-2.29)	0.762 (1.57)	0.080 (0.10)	-0.301 (-1.39)	-1.605 (-0.83)	0.380* (1.69)	-0.246 (-0.17)	-0.658 (-1.40)	-0.917 (-1.56)	1.213 (1.47)	-1.127 (-0.11)
ROA	-3.273*** (-3.15)	3.528*** (3.14)	-3.506*** (-2.60)	0.970 (0.49)	-2.124*** (0.49)	8.889 (0.87)	-1.738*** (-2.89)	-2.032 (-0.30)	-4.602*** (-2.70)	5.756* (1.74)	-5.305** (-2.18)	0.289 (0.03)
SIZE	0.057 (1.25)	0.051* (1.90)	-0.023 (-0.36)	0.078 (0.51)	0.078 (0.51)	0.161 (0.80)	-0.017 (-0.55)	0.291 (0.39)	0.093 (1.32)	0.024 (0.56)	-0.034 (-0.33)	0.730 (0.12)

续表

变量	(1)				(2)				(3)			
	国有		非国有		国有		非国有		国有		非国有	
	REM	DA	REM	DA	REM	DA	REM	DA	REM	DA	REM	DA
LEVERAGE	0.673**	−0.411**	0.283	−1.727	−1.727	−0.913	0.134	−1.983	0.972**	−0.663	0.392	−9.776
	(2.33)	(−2.40)	(0.94)	(−0.72)	(−0.72)	(−0.82)	(0.93)	(−0.39)	(2.08)	(−1.53)	(0.81)	(−0.12)
GROWTH	−0.197	−0.093	−0.156	−0.698	−0.698	−0.447	−0.077	0.229	−0.303	−0.154	−0.260	−1.698
	(−1.33)	(−1.07)	(−0.94)	(−0.72)	(−0.72)	(−0.76)	(−0.98)	(0.26)	(−1.30)	(−0.86)	(−0.95)	(−0.13)
LISTAGE	0.009	−0.012	0.019	−0.058	−0.058	−0.008	0.010	−0.134	0.013	−0.013	0.029	−0.359
	(0.70)	(−1.61)	(1.12)	(−0.70)	(−0.70)	(−0.35)	(1.19)	(−0.39)	(0.66)	(−0.89)	(1.04)	(−0.12)
PAY	−0.186**	0.002	−0.044	0.760	0.760	0.207	−0.033	1.640	−0.292**	0.134	−0.066	5.343
	(−2.35)	(0.07)	(−0.55)	(0.74)	(0.74)	(0.81)	(−0.86)	(0.40)	(−2.25)	(1.43)	(−0.52)	(0.12)
FLEX		−0.047		−0.020	−0.020	−0.113		0.430		−0.076		0.846
		(−1.45)		(−0.17)	(−0.17)	(−0.72)		(0.38)		(−1.09)		(0.12)
Intercept	1.590	−0.444	0.485	−9.359	1.198	−4.160	0.479	−24.503	2.415	−1.115	0.689	−71.073
	(1.52)	(−0.89)	(0.36)	(−0.74)	(1.60)	(−0.83)	(0.74)	(−0.40)	(1.47)	(−1.03)	(0.32)	(−0.12)
Fixed Effects	Industry & Year											
N	6159	6159	2902	2902	6159	6159	2902	2902	6159	6159	2902	2902
R^2	0.220	0.207	0.205	0.270	0.182	0.191	0.210	0.190	0.248	0.197	0.262	0.179

注：变量说明见表4－1和表5－1，审计质量（BIG10）是按照会计师事务所综合排名前10名确定，属于前10名取1，否则取0。***、**和*分别表示1%、5%和10%的水平上显著，括号中为t值，使用混合OLS固定效应进行模型估计，行业效应通过面板数据个体固定效应进行控制。

表5-8　国有、非国有分样本由十大、非十大会计师事务所审计的对比实证结果

变量	真实盈余管理															
	AREM				A_CFO				A_PROD				A_EXP			
	国有		非国有		国有		非国有		国有		非国有		国有		非国有	
	十大	非十大	十大	非十大	十大	非十大	十大	非十大	十大	非十大	十大	非十大	十大	非十大	十大	非十大
ADA	0.623 ***	0.963 ***	0.723 ***	0.985 ***	0.449 ***	0.565 ***	0.359 ***	0.570 ***	0.320 ***	0.503 ***	0.433 ***	0.446 ***	0.143 ***	0.220 ***	0.120	0.291 ***
	(3.53)	(10.18)	(3.44)	(8.23)	(8.21)	(15.34)	(3.39)	(11.76)	(3.30)	(8.96)	(3.83)	(5.92)	(3.16)	(6.52)	(1.41)	(6.12)
RISK	−0.261	0.585 **	0.297	1.298 ***	0.037	0.175 *	0.141	0.393 **	−0.167	0.365 **	0.522	0.819 ***	0.165	0.249 **	0.192	0.261 **
	(−0.48)	(2.07)	(0.41)	(2.91)	(0.23)	(1.83)	(0.57)	(2.57)	(−0.53)	(2.17)	(1.08)	(2.94)	(0.97)	(2.47)	(0.73)	(1.99)
ADA × RISK	0.451 **	−0.164	−0.013	−0.351 ***	0.114 **	−0.074	0.125	−0.164 ***	0.306 ***	−0.138 **	−0.184	−0.159 **	0.007	−0.091 **	−0.008	−0.182 ***
	(2.18)	(−1.57)	(−0.04)	(−2.91)	(2.28)	(−1.64)	(1.08)	(−2.81)	(2.71)	(−2.26)	(−1.30)	(−2.06)	(0.12)	(−2.36)	(−0.06)	(−4.86)
OWN	0.411	1.440	5.464	5.485 ***	−0.177	0.971 *	1.106	0.742	−0.624	1.096	1.293	3.548 ***	−0.426	0.514	1.608	1.367 *
	(0.18)	(0.97)	(1.48)	(2.76)	(−0.20)	(1.77)	(0.68)	(1.08)	(−0.41)	(1.16)	(0.57)	(2.99)	(−0.50)	(1.12)	(1.19)	(1.90)
ROA	13.371 ***	7.605 ***	6.192 *	11.516 ***	6.111 ***	4.560 ***	4.404 **	4.001 ***	6.877 ***	4.464 ***	4.189 **	7.627 ***	0.836	−0.115	−0.204	0.317
	(2.94)	(4.40)	(1.71)	(5.09)	(4.14)	(7.01)	(2.43)	(4.70)	(2.73)	(4.82)	(2.15)	(5.29)	(0.73)	(−0.20)	(−0.17)	(0.42)
SIZE	0.248	0.169	1.239	−0.440	0.133	−0.055	0.231	−0.004	0.160	0.206	0.329	−0.403 *	0.249	0.100	−0.015	0.020
	(0.46)	(0.56)	(1.63)	(−1.18)	(0.81)	(−0.52)	(0.88)	(−0.03)	(0.48)	(1.10)	(0.64)	(−1.80)	(1.33)	(1.00)	(−0.06)	(0.17)
LEVERAGE	0.657	−0.025	0.059	0.668	0.496	0.523	−0.213	0.498	0.120	0.182	−0.349	0.297	−0.238	−0.008	0.026	−0.040
	(0.32)	(−0.03)	(0.03)	(0.68)	(0.95)	(1.63)	(−0.30)	(1.44)	(0.09)	(0.37)	(−0.30)	(0.47)	(−0.39)	(−0.03)	(0.03)	(−0.11)
GROWTH	0.986 *	1.429 ***	0.652	0.543	0.506 ***	0.262 ***	0.157	0.194 *	0.769 ***	0.856 ***	0.552	0.246	0.326 *	0.169 **	0.228	0.037
	(1.94)	(5.03)	(1.20)	(1.45)	(3.54)	(2.77)	(0.55)	(1.75)	(2.76)	(4.77)	(1.47)	(0.90)	(1.77)	(2.24)	(1.43)	(0.41)

续表

变量	真实盈余管理															
	AREM				A_CFO				A_PROD				A_EXP			
	国有		非国有		国有		非国有		国有		非国有		国有		非国有	
	十大	非十大	十大	非十大	十大	非十大	十大	非十大	十大	非十大	十大	非十大	十大	非十大	十大	非十大
LISTAGE	-0.002	0.122 **	0.036	0.305 ***	-0.089 **	0.009	-0.083	0.039 *	0.046	0.066 **	0.130	0.156 ***	-0.037	0.040 **	0.065	0.075 ***
	(-0.02)	(2.53)	(0.18)	(4.47)	(-1.99)	(0.50)	(-0.95)	(1.74)	(0.71)	(2.19)	(1.03)	(3.67)	(-0.82)	(2.43)	(0.86)	(2.95)
PAY	-0.071	-0.307	-0.522	-0.285	-0.030	-0.053	-0.203	-0.084	-0.096	-0.124	-0.409	-0.170	0.073	-0.120 **	0.234	-0.022
	(-0.27)	(-1.55)	(-0.79)	(-1.11)	(-0.31)	(-0.76)	(-0.87)	(-1.04)	(-0.61)	(-1.00)	(-0.91)	(-1.01)	(0.62)	(-2.16)	(1.17)	(-0.28)
SDCFO	-38.030 ***	-33.013 ***	-31.517 ***	-37.747 ***	-15.387 ***	-11.196 ***	-12.159 ***	-10.916 ***	-20.574 ***	-17.104 ***	-22.635 ***	-20.885 ***	-14.973 ***	-10.395 ***	-10.765 ***	-11.008 ***
	(-4.80)	(-9.99)	(-2.98)	(-9.00)	(-7.51)	(-9.32)	(-3.82)	(-7.01)	(-4.62)	(-8.41)	(-3.64)	(-8.67)	(-5.17)	(-8.59)	(-3.72)	(-5.72)
Intercept	-0.602	2.431	-16.299	12.233	-0.271	2.335	0.168	1.431	-0.209	-1.978	0.108	10.525 **	-4.087	0.193	-2.246	0.188
	(-0.05)	(0.38)	(-1.00)	(1.64)	(-0.08)	(1.07)	(0.03)	(0.62)	(-0.03)	(-0.51)	(0.01)	(2.29)	(-1.09)	(0.09)	(-0.41)	(0.08)
Fixed Effects	Industry & Year															
N	2039	4938	1086	2374	2039	4938	1086	2374	2039	4938	1086	2374	2039	4938	1086	2374
R^2	0.304	0.303	0.223	0.281	0.493	0.468	0.411	0.430	0.281	0.232	0.173	0.199	0.155	0.193	0.171	0.229
F值	12.44 ***	27.55 ***	5.58 ***	23.04 ***	33.13 ***	49.83 ***	11.94 ***	25.24 ***	12.37 ***	19.74 ***	4.13 ***	13.41 ***	4.91 ***	12.58 ***	3.23 ***	7.00 ***

注：变量说明见表4-1，***、** 和 * 分别表示1%、5%和10%的水平上显著，括号中为t值，使用混合OLS固定效应进行模型估计，行业效应通过面板数据个体固定效应进行控制。因变量是真实盈余管理程度四个代理变量（AREM、A_CFO、A_PROD和A_EXP），交乘项RISK×ADA的系数显著为负表明存在倾向性。全样本按照年报披露的实际控制人性质进行划分基础上，分样本再按照年报披露的会计师事务所是否是全国会计师事务所综合排名前十名（2013年度）划分。

表5-9 按照会计稳健性程度（CONSERVE1）高低分样本实证结果［模型（5-2）和模型（5-3）］

变量	(1)				(2)				(3)			
	高		低		高		低		高		低	
	REM	DA	REM	DA	REM	DA	REM	DA	REM	DA	REM	DA
RISK	0.770***	-0.327***	-0.117	-1.1387	0.517**	0.627	-0.057	-0.187	1.250**	-0.348**	-0.159	1.153
	(2.74)	(-3.08)	(-1.05)	(-0.05)	(2.31)	(0.84)	(-1.00)	(-1.55)	(2.16)	(-2.28)	(-0.99)	(1.01)
DA	0.593***		0.476***		0.397***		2.484***		0.954**		67.620***	
	(3.19)		(4.08)		(2.58)		(4.67)		(2.36)		(3.55)	
RISK×DA	-0.561***		-0.476***		-0.378*		-2.426***		-1.135**		-67.055***	
	(-3.13)		(-4.01)		(-2.52)		(-4.53)		(-2.33)		(-3.50)	
REM		1.056***		2.822		2.681**		-5.481		1.223***		-2.820
		(3.75)		(0.05)		(2.25)		(-0.85)		(2.72)		(-1.01)
RISK×REM		-1.060***		-2.903		-2.777**		5.649		-1.257***		2.981
		(-3.69)		(-0.05)		(-2.22)		(0.85)		(-2.70)		(1.01)
SOE	-0.054	-0.229	0.000	-0.046	-0.039	-0.081	-0.004	0.047	-0.092	-0.080	-0.007	-0.018
	(-0.51)	(-0.03)	(0.00)	(-1.06)	(-0.55)	(-0.48)	(-0.10)	(0.68)	(-0.53)	(-0.50)	(-0.06)	(-0.30)
Big10	-0.227*	-22.921	-0.125	-0.052	-0.151	0.357	-0.070	-0.035	-0.366	0.290	-0.186	-0.041
	(-1.69)	(-0.05)	(-1.27)	(-1.12)	(-1.56)	(0.80)	(-1.40)	(-0.49)	(-1.51)	(0.90)	(-1.31)	(-0.64)
OWN	-0.161	-55.186	0.054	-0.305**	-0.110	0.994	0.038	-0.429	-0.275	0.815	0.082	-0.505*
	(-0.48)	(-0.05)	(0.20)	(-1.99)	(-0.49)	(0.79)	(0.28)	(-1.56)	(-0.50)	(0.88)	(0.22)	(-1.95)
ROA	-5.651***	552.977	-1.353*	1.738***	-3.696***	-6.002	-0.694*	1.377*	-8.638**	-6.262	-1.716*	1.829**
	(-3.14)	(0.05)	(-1.95)	(3.26)	(-2.65)	(-0.77)	(-1.95)	(1.88)	(-2.41)	(-0.92)	(-1.73)	(2.39)

续表

变量	(1)				(2)				(3)			
	高		低		高		低		高		低	
	REM	DA	REM	DA	REM	DA	REM	DA	REM	DA	REM	DA
SIZE	0.076	18.356	-0.003	-0.005	0.051	-0.276	-0.003	-0.020	0.132	-0.178	-0.001	-0.038
	(1.31)	(0.05)	(-0.08)	(-0.23)	(1.23)	(-0.82)	(-0.12)	(-0.62)	(1.29)	(-0.93)	(-0.02)	(-1.20)
LEVERAGE	0.116	-155.892	0.806***	-0.228*	0.059	1.365	0.417***	-0.246	0.125	1.730	1.113***	-0.294*
	(0.41)	(-0.05)	(2.90)	(-1.96)	(0.31)	(0.82)	(3.05)	(-1.31)	(0.28)	(0.98)	(2.65)	(-1.68)
GROWTH	0.174	12.314	-0.405**	-0.252***	0.116	-0.460	-0.210***	-0.312*	0.277	-0.349	-0.584**	-0.294**
	(1.06)	(0.06)	(-2.51)	(-2.61)	(1.02)	(-0.87)	(-2.66)	(-1.84)	(1.00)	(-0.88)	(-2.38)	(-2.03)
LISTAGE	0.014	-2.151	0.008	-0.015**	0.009	0.008	0.004	-0.023*	0.022	0.012	0.011	-0.020*
	(0.95)	(-0.05)	(0.64)	(-2.09)	(0.89)	(0.38)	(0.67)	(-1.68)	(0.86)	(0.52)	(0.63)	(-1.82)
PAY	-0.130	3.348	-0.113*	0.143***	-0.093*	-0.175	-0.069**	0.297**	-0.220	-0.178	-0.167*	0.267***
	(-1.63)	(0.05)	(-1.84)	(3.16)	(-1.65)	(-0.75)	(-2.22)	(2.21)	(-1.56)	(-0.87)	(-1.89)	(2.62)
FLEX		-5.156		-0.020		-0.129		-0.005		-0.026		-0.005
		(-0.05)		(-0.81)		(-0.97)		(-0.14)		(-0.30)		(-0.14)
Intercept	0.184	1.586	0.221	0.964**	0.258							
	(0.16)	(1.64)	(0.29)	(1.97)	(0.14)							
Fixed Effects	Industry & Year											
N	4512	4512	4549	4549	4512	4512	4549	4549	4512	4512	4549	4549
R^2	0.200	0.217	0.140	0.212	0.240	0.231	0.198	0.205	0.216	0.206	0.194	0.210

注：变量说明见表4-1和表5-1，审计质量（BIG10）是按照会计师事务所综合排名前10名确定，属于前10名取1，否则取0。***、**和*分别表示1%、5%和10%的水平上显著，括号中为t值，使用混合OLS固定效应进行模型估计，行业效应通过面板数据个体固定效应进行控制。

$$CONSERVE2_i = (\beta_{1,i} + \beta_{0,i}) / \beta_{0,i} \tag{5-5}$$

$CONSERVE2_i$是公司层面的会计稳健性程度，数值越大，说明公司的会计稳健性越高。

由于数据的限制，观察值缩小到7604个。表5-10中，第（1）列和第（2）列以REM1和REM2为模型（5-2）的因变量时，在会计稳健性程度高的分样本组中，联立方程的交乘项都显著为负，说明公司风险承受水平上升更倾向于进行真实盈余管理。在会计稳健性程度低的分样本组，交乘项系数不显著。实证结果支持假设4，结论没有实质性改变。

②会计稳健性程度用修正Basu模型进行衡量。为了进一步验证假设3，会计稳健性程度的调节作用，本书利用修正Basu模型（Khan and Watts，2009）重新计算一个公司年度层面的会计稳健性程度（CONSERVE3），并划分高低分样本[①]进行模型（5-2）和模型（5-3）的估计，计算模型为：

$$\begin{aligned} EPS_{i,t}/P_{i,t-1} = {} & \beta_1 + \beta_2 \times D_{i,t} + Return_{i,t}(\mu_1 + \mu_2 SIZE_{i,t} + \mu_3 M_{Bi,t} + \\ & \mu_4 LEVERAGE_{i,t}) + D_{i,t} \times Return_{i,t}(\gamma_1 + \gamma_2 SIZE_{i,t} + \\ & \gamma_3 M\_B_{i,t} + \gamma_4 LEVERAGE_{i,t}) + (\delta_1 SIZE_{i,t} + \\ & \delta_2 M_{Bi,t} + \delta_3 LEVERAGE_{i,t} + \delta_4 D_{i,t} \times SIZE_{i,t} + \delta_5 D_{i,t} \times \\ & M_{Bi,t} + \delta_6 D_{i,t} \times LEVERAGE_{i,t}) + \varepsilon_{i,t} \end{aligned} \tag{5-6}$$

$$CONSERVE3_{i,t} = \gamma_1 + \gamma_2 SIZE_{i,t} + \gamma_3 M\_B_{i,t} + \gamma_4 LEVERAGE_{i,t} \tag{5-7}$$

由于数据的限制，观察值缩减到7629个，如表5-11所示，第（1）列中以真实盈余管理REM1为因变量时，高会计稳健性程度的样本组在风险承受水平上升时，管理层更倾向于进行真实盈余管理（交乘项系数显著为负），真实公司风险承受水平对真实盈余管理的系数显著为正，对应计盈余管理的系数显著为负，在会计稳健性程度低的分样本组，交乘项系数不显著。本章假设4的结论没有实质性变化。

---

① 总样本按照修正Basu模型计算的会计稳健性程度进行1%缩尾处理后去掉中间的20%，剩下的上40%和下40%分成高会计稳健性和低会计稳健性两个分样本。

表 5-10　按照会计稳健性程度（CONSERVE2）高低分样本实证结果［模型（5-2）和模型（5-3）］

变量	(1)				(2)				(3)			
	高		低		高		低		高		低	
	REM	DA	REM	DA	REM	DA	REM	DA	REM	DA	REM	DA
RISK	0.521**	-0.567***	0.136	-0.394**	0.287***	-0.964*	0.082	-0.248	1.062*	-1.198	0.193	-0.582
	(2.51)	(-2.73)	(0.99)	(-2.16)	(2.63)	(-1.87)	(0.97)	(-0.99)	(1.84)	(-1.22)	(1.02)	(-1.19)
DA	0.554***		0.545***		0.302***		3.358**		1.095**		0.745***	
	(3.45)		(3.09)		(3.67)		(2.91)		(2.15)		(2.81)	
RISK × DA	-0.541***		-0.520***		-2.930**		-3.179***		-1.079**		-0.707***	
	(-3.39)		(-3.03)		(-3.57)		(-2.84)		(-2.12)		(-2.76)	
REM		1.152***		1.325**		5.786*		4.007		2.263		2.149
		(2.97)		(2.43)		(1.89)		(1.21)		(1.26)		(1.26)
RISK × REM		-1.173***		-1.290**		-6.058*		-3.950		-2.342		-2.159
		(-2.93)		(-2.39)		(-1.89)		(-1.19)		(-1.25)		(-1.25)
SOE	-0.131	-0.036	0.175	0.000	-0.074	0.131	0.100	0.138	-0.273	0.041	0.229	0.050
	(-1.18)	(-0.71)	(1.45)	(0.00)	(-1.23)	(0.61)	(1.33)	(0.85)	(-1.11)	(0.33)	(1.36)	(0.40)
Big10	-0.283**	-0.136**	-0.017	-0.096	-0.155**	-0.508	-0.013	-0.100	-0.577	-0.378	-0.027	-0.136
	(-2.02)	(-1.97)	(-0.15)	(-1.29)	(-2.09)	(-0.86)	(-0.19)	(-0.70)	(-1.62)	(-1.16)	(-0.17)	(-0.83)
OWN	-0.042	-0.342*	-0.321	-0.290	-0.024	-1.004	-0.181	-0.813	-0.124	-0.798	-0.414	-0.761
	(-0.14)	(-1.85)	(-0.89)	(-1.28)	(-0.14)	(-0.84)	(-0.81)	(-1.07)	(-0.20)	(-1.11)	(-0.83)	(-1.07)
ROA	-2.179**	2.568***	-3.777***	2.722**	-1.166**	5.437	-2.263***	2.610	-3.481	5.166	-4.987***	4.520
	(-2.20)	(2.85)	(-2.79)	(2.35)	(-2.19)	(0.92)	(-2.64)	(1.19)	(-1.62)	(1.27)	(-2.58)	(1.27)

续表

变量	(1)				(2)				(3)			
	高		低		高		低		高		低	
	REM	DA	REM	DA	REM	DA	REM	DA	REM	DA	REM	DA
SIZE	0.120*	0.043	0.016	0.028	0.065*	0.196	0.007	0.086	0.246	0.067	0.026	-0.008
	(1.89)	(1.50)	(0.30)	(0.90)	(1.92)	(0.85)	(0.23)	(0.97)	(1.60)	(0.84)	(0.37)	(-0.14)
LEVERAGE	0.780**	-0.377**	0.009	-0.528**	0.433**	-0.799	-0.015	-0.896	1.482*	-0.901	-0.043	-0.696
	(2.30)	(-2.15)	(0.03)	(-1.97)	(2.39)	(-0.84)	(-0.08)	(-1.13)	(1.76)	(-1.18)	(-0.11)	(-1.10)
GROWTH	-0.190	-0.090	-0.132	-0.245*	-0.111	-0.234	-0.080	-0.095	-0.412	-0.156	-0.178	-0.392
	(-1.14)	(-0.94)	(-0.82)	(-1.68)	(-1.23)	(-0.66)	(-0.80)	(-0.46)	(-1.11)	(-0.62)	(-0.80)	(-1.06)
LISTAGE	0.019	-0.020**	-0.012	-0.011	0.010	-0.047	-0.007	-0.017	0.035	-0.042	-0.016	-0.013
	(1.28)	(-2.10)	(-0.74)	(-1.12)	(1.23)	(-0.84)	(-0.74)	(-0.80)	(1.10)	(-1.14)	(-0.77)	(-0.65)
PAY	-0.251**	0.054	-0.163*	0.131**	-0.146***	0.238	-0.105**	0.327	-0.505*	0.266	-0.229*	0.340
	(-2.54)	(1.45)	(-1.95)	(2.05)	(-2.78)	(0.86)	(-2.01)	(1.20)	(-1.92)	(1.20)	(-1.96)	(1.25)
FLEX		-0.020		-0.014		-0.108		0.112		-0.047		0.029
		(-0.64)		(-0.39)		(-0.80)		(1.00)		(-0.58)		(0.38)
Intercept	0.965	-0.730	1.692	-1.777*	0.651	-5.222	1.150	-5.307	1.881	-2.934	2.316	-3.421
	(0.85)	(-1.28)	(1.37)	(-1.88)	(1.06)	(-0.89)	(1.51)	(-1.19)	(0.80)	(-1.14)	(1.36)	(-1.18)
Fixed Effects	Industry & Year											
N	3802	3802	3827	3827	3802	3802	3827	3827	3802	3802	3827	3827
R^2	0.244	0.217	0.179	0.215	0.230	0.243	0.178	0.205	0.211	0.246	0.129	0.229

注：变量说明见表4-1和表5-1，审计质量（BIG10）是按照会计师事务所综合排名前10名确定，属于前10名取1，否则取0。***、**和*分别表示1%、5%和10%的水平上显著，括号中为t值，使用混合OLS固定效应进行模型估计，行业效应通过面板数据个体固定效应进行控制。

表 5－11 按照会计稳健性程度（CONSERVE3）高低分样本实证结果［模型（5－2）和模型（5－3）］

变量	(1)				(2)				(3)			
	高		低		高		低		高		低	
	REM	DA	REM	DA	REM	DA	REM	DA	REM	DA	REM	DA
RISK	0.519***	−0.345**	0.009	−0.270	0.344***	−2.373	0.035	−0.392	0.834***	−0.577	0.077	2.607
	(3.31)	(−2.39)	(0.58)	(−1.42)	(2.98)	(−0.28)	(0.36)	(−0.43)	(2.82)	(−1.40)	(0.36)	(0.45)
DA	0.413***		5.026		0.275***		−0.366*		6.507***		−0.890*	
	(4.28)		(1.09)		(3.73)		(−1.88)		(3.34)		(−1.92)	
RISK×DA	−0.402***		−4.160		−0.269***		0.387*		−6.527***		0.847*	
	(−4.16)		(−0.87)		(−3.62)		(1.92)		(−3.27)		(1.95)	
REM		1.175***		8.374		1.855		6.145		1.773		−8.665
		(2.77)		(1.56)		(0.28)		(0.44)		(1.50)		(−0.45)
RISK×REM		−1.216***		−7.805		−1.972		−6.161		−1.875		8.874
		(−2.72)		(−1.43)		(−0.28)		(−0.43)		(−1.49)		(0.45)
SOE	−0.018	−0.058	0.017	−0.022	−0.015	0.037	−0.079	0.293	−0.034	−0.059	−0.169	−0.403
	(−0.23)	(−1.07)	(1.09)	(−0.50)	(−0.29)	(0.07)	(−0.85)	(0.41)	(−0.28)	(−0.57)	(−0.83)	(−0.39)
Big10	−0.018	−0.064	−0.012	−0.089	−0.021	−0.081	0.163	−0.490	−0.042	−0.044	0.352	1.255
	(−0.24)	(−1.20)	(−0.53)	(−1.22)	(−0.43)	(−0.14)	(1.42)	(−0.43)	(−0.35)	(−0.45)	(1.41)	(0.44)
OWN	0.033	−0.056	0.086*	−0.311	0.012	0.338	−0.171	−1.379	0.023	0.013	−0.373	4.458
	(0.14)	(−0.36)	(1.77)	(−1.36)	(0.08)	(0.17)	(−0.59)	(−0.44)	(0.06)	(0.04)	(−0.59)	(0.44)
ROA	−2.854***	3.693***	−0.963***	1.522**	−1.812***	28.105	−0.769	3.621	−4.125***	6.328	−1.629	−9.537
	(−3.33)	(2.77)	(−8.78)	(2.24)	(−3.04)	(0.28)	(−1.08)	(0.46)	(−2.81)	(1.52)	(−1.05)	(−0.43)

续表

变量	(1)				(2)				(3)			
	高		低		高		低		高		低	
	REM	DA	REM	DA	REM	DA	REM	DA	REM	DA	REM	DA
SIZE	0.056	-0.013	-0.002	-0.004	0.043	-0.423	-0.013	0.043	0.102	-0.102	-0.018	0.163
	(1.19)	(-0.42)	(-0.31)	(-0.17)	(1.35)	(-0.28)	(-0.29)	(0.28)	(1.32)	(-1.15)	(-0.18)	(0.37)
LEVERAGE	0.290	-0.068	0.073*	-0.408	0.148	0.886	0.239	-1.600	0.376	0.012	0.500	3.778
	(1.18)	(-0.42)	(1.77)	(-1.51)	(0.89)	(0.24)	(0.97)	(-0.43)	(0.95)	(0.04)	(0.93)	(0.44)
GROWTH	0.036	-0.091	0.032	-0.250	0.016	-0.214	0.180	-0.261	0.051	-0.091	0.420	2.142
	(0.31)	(-0.87)	(1.13)	(-1.52)	(0.21)	(-0.11)	(1.20)	(-0.28)	(0.28)	(-0.45)	(1.29)	(0.40)
LISTAGE	0.009	-0.009	0.001	-0.013	0.005	-0.057	-0.002	-0.072	0.013	-0.015	-0.004	0.173
	(0.90)	(-1.30)	(0.45)	(-1.27)	(0.81)	(-0.26)	(-0.16)	(-0.43)	(0.81)	(-0.96)	(-0.19)	(0.44)
PAY	-0.096*	0.109**	-0.038**	0.107	-0.070*	1.531	0.108	0.583	-0.158*	0.306	0.243	-1.648
	(-1.71)	(2.12)	(-2.09)	(1.55)	(-1.85)	(0.28)	(1.20)	(0.45)	(-1.72)	(1.46)	(1.24)	(-0.45)
FLEX		-0.017		-0.020		-0.094		0.157		-0.010		-0.081
		(-0.48)		(-0.66)		(-0.11)		(0.74)		(-0.15)		(-0.20)
Intercept	0.069	-0.697	0.473*	-0.585	0.056	-9.343	-1.418	-6.184	-0.009	-1.248	-3.416	10.296
	(0.07)	(-1.02)	(1.75)	(-1.00)	(0.09)	(-0.27)	(-1.02)	(-0.44)	(-0.01)	(-0.86)	(-1.14)	(0.42)
Fixed Effects	Industry & Year											
N	2769	2769	2796	2796	2769	2769	2796	2796	2769	2769	2796	2796
R^2	0.174	0.194	0.211	0.198	0.181	0.217	0.179	0.135	0.224	0.117	0.218	0.185

注：变量说明见表4-1和表5-1，审计质量（BIG10）是按照会计师事务所综合排名前10名确定，属于前10名取1，否则取0。***、**和*分别表示1%、5%和10%的水平上显著，括号中为t值，使用混合OLS固定效应进行模型估计，行业效应通过面板数据个体固定效应进行控制。

③内生性问题。为了进一步检验假设 1，缓解内生性问题，本书利用增量模型（CHANGE-IN-CHANGE MODEL）重新进行模型（5－4）的估计。实证结果列于表 5－12，结论没有实质性变化。

表 5－12　　增量模型实证结果

变量	真实盈余管理增量			
	ΔA_CFO	ΔA_PROD	ΔA_EXP	ΔAREM
ΔADA	0.512 *** (28.07)	0.391 *** (14.20)	0.122 *** (9.16)	0.822 *** (16.59)
ΔRISK	0.171 ** (2.14)	0.213 * (1.68)	−0.056 (−1.04)	0.370 * (1.73)
ΔADA × ΔRISK	−0.035 * (−1.68)	−0.056 * (−1.93)	0.030 (1.29)	−0.107 * (−1.84)
SOE	−0.097 (−0.90)	0.203 (0.99)	−0.015 (−0.18)	0.199 (0.63)
BIG10	0.030 (0.46)	0.170 (1.63)	0.082 (1.57)	0.194 (1.15)
OWN	0.466 (1.41)	0.416 (0.76)	0.394 (1.38)	1.229 (1.34)
ROA	3.922 *** (6.12)	3.240 *** (3.79)	−0.814 (−1.55)	5.245 *** (3.69)
SIZE	−0.294 *** (−5.37)	−0.204 * (−1.81)	−0.121 ** (−2.16)	−0.430 ** (−2.47)
LEVERAGE	0.992 *** (4.76)	0.733 ** (2.07)	−0.165 (−1.11)	1.291 ** (2.27)
GROWTH	0.425 *** (4.75)	1.070 *** (5.25)	0.296 *** (4.11)	1.570 *** (4.94)
LISTAGE	0.047 *** (3.24)	0.039 * (1.69)	−0.025 ** (−2.04)	0.041 (1.16)
PAY	−0.156 *** (−2.95)	−0.304 *** (−2.90)	−0.011 (−0.22)	−0.457 *** (−2.88)
SDCFO	−13.578 *** (−13.48)	−8.307 *** (−5.16)	−3.120 *** (−4.72)	−21.172 *** (−8.43)

续表

变量	真实盈余管理增量			
	ΔA_CFO	ΔA_PROD	ΔA_EXP	ΔAREM
Intercept	7.869*** (6.77)	7.751*** (3.55)	3.058*** (2.94)	14.487*** (4.44)
Fixed Effects	Industry & Year			
N	9061	9061	9061	9061
R^2	0.430	0.141	0.073	0.210
F值	81.99***	18.38***	12.79***	30.73***

注：变量说明见表4－1，***、** 和 * 分别表示1%、5%和10%的水平上显著，括号中为t值。

④控制内部控制制度体系实施的影响。国外学者发现萨班斯法案（SOX）实施之后，美国的上市公司盈余管理程度没有显著减少，但是盈余管理方式会从应计盈余管理转向真实盈余管理（Cohen et al.，2008）。我国上市公司从2011年开始陆续实施内部控制体系，为了控制内部控制体系对真实盈余管理方式倾向性的影响，本书在模型（5－4）中添加一个年度虚拟变量YEARD（观察值年度在2010年以后取1，否则取0）以及YEARD与应计盈余管理ADA的交乘项，基本结论保持不变，实证结果列于表5－13。

表5－13　　风险承受水平上升对真实盈余管理方式倾向性检验结果（控制内控体系影响）

变量	真实盈余管理			
	A_CFO	A_PROD	A_EXP	AREM
ADA	0.512*** (17.67)	0.429*** (9.17)	0.209*** (8.16)	0.847*** (10.32)
RISK	0.171*** (2.83)	0.494*** (4.24)	0.164*** (2.93)	0.596*** (3.32)
RISK × ADA	－0.040 (－1.26)	－0.055 (－1.00)	－0.091*** (－3.46)	－0.075 (－0.86)
YEARD	－0.045 (－0.66)	－0.237** (－2.03)	0.039* (1.79)	－0.335* (－1.71)

续表

变量	真实盈余管理			
	A_CFO	A_PROD	A_EXP	AREM
YEARD × ADA	0.017 (0.57)	0.063 (1.36)	-0.033* (1.75)	0.117 (1.34)
SOE	-0.167* (-1.74)	-0.167 (-0.98)	0.030 (0.23)	-0.159 (-0.54)
BIG10	-0.033 (-0.57)	-0.029 (-0.29)	-0.015 (-0.25)	-0.128 (-0.76)
OWN	0.669** (2.16)	1.275** (2.40)	0.681** (2.05)	2.492*** (2.96)
ROA	4.412*** (9.48)	5.423*** (7.29)	0.055 (0.14)	8.752*** (7.16)
SIZE	-0.031 (-0.53)	-0.025 (-0.24)	0.061 (0.83)	-0.005 (-0.03)
LEVERAGE	0.467** (2.55)	0.225 (0.68)	-0.085 (-0.43)	0.125 (0.22)
GROWTH	0.247*** (4.25)	0.514*** (4.20)	0.153*** (2.90)	0.908*** (4.87)
LISTAGE	0.012 (0.90)	0.089*** (4.00)	0.042*** (2.79)	0.180*** (4.81)
PAY	-0.058 (-1.39)	-0.140* (-1.69)	-0.028 (-0.66)	-0.270** (-2.06)
SDCFO	-10.695*** (-13.69)	-18.734*** (-13.31)	-10.843*** (-11.95)	-32.580*** (-13.66)
Intercept	2.189* (1.87)	3.583* (1.65)	-0.039 (-0.03)	5.435 (1.30)
Fixed Effects	Industry			
N	10437	10437	10437	10437
R^2	0.440	0.212	0.176	0.276
F 值	121.43***	49.91***	30.74***	68.34***

注：变量说明见表4-1，***、** 和 * 分别表示1%、5%和10%的水平上显著，括号中为t值，使用混合OLS固定效应进行模型估计，行业效应通过面板数据个体固定效应进行控制，因变量是真实盈余管理四个代理变量（AREM、A_CFO、A_PROD和A_EXP），交乘项RISK × ADA的系数显著为负表明存在倾向性。

5.5 小结

本章采用联立方程的研究方法，实证检验了公司风险承受水平对管理层盈余管理方式选择的影响。主要的研究结论有：

第一，公司风险承受水平上升，与应计盈余管理方式相比，管理层会倾向于使用真实盈余管理方式。目前的外部监管制度改变了管理层采取不同盈余管理方式的实施成本，真实盈余管理方式更加隐蔽，不容易被监管部门和审计部门发现，导致负面的市场反应，因此随着公司风险承受水平上升，管理层更倾向于使用真实盈余管理方式。

第二，与非国有控股公司相比，随着公司风险承受水平的上升，国有控股公司管理层更倾向于进行真实盈余管理。由于国有控股公司和非国有控股公司的实际控股人性质不同，政府干预程度不同，国有控股公司对经营业绩的敏感度较低，财务制度更加健全，实行应计盈余管理更容易受到审计部门的监管，同时非国有控股公司面对的市场竞争更加激烈，进行真实盈余管理的困难较大，所以与非国有控股公司相比，国有控股公司更倾向于进行真实盈余管理。在非国有控股公司中，由大型会计师事务所审计的公司对真实盈余管理的倾向性显著小于由小型会计师事务所审计的公司。

第三，公司的会计稳健性程度会受到融资约束、法律诉讼风险等因素的影响，因此会计稳健性程度高的上市公司，随着公司风险承受水平上升，管理层会更倾向于进行真实盈余管理方式。

第6章　公司风险承受影响盈余管理的经济后果

在第4章、第5章研究的基础上，本章继续从公司价值角度研究公司风险承受影响盈余管理行为的经济后果。

6.1　问题提出

公司风险承受集中体现了决策者的风险态度。公司愿意承担一定的风险选择预期净现值为正的投资项目，预期报酬上升，销售收入增长，资本配置效率提高，促进公司未来的发展（John et al.，2008；李文贵和余明桂，2012），公司价值上升（Acemoglu and Zilibotti，1997；Baumol and Strom，2007）。前景理论却认为公司盈利状况下会风险规避，在损失时才会风险追逐，公司风险承受水平过高，会导致利益相关者的保守策略，影响公司业绩（Palmer and Wiseman，1999）。也有文献从企业的生命周期视角进行全面分析，在不同的企业周期，公司风险承受水平对公司价值的影响可能存在差别。在公司成长期和成熟期，可以带来良好的业绩表现；但在公司衰退期，缺乏良好的投资机会，投资效率低，高风险承受可能导致公司业绩变差（Habib and Hasan，2015）。

相关文献中关于上市公司进行盈余管理对公司价值的影响研究结论不一，主要分为两种观点：一种观点认为盈余管理会损害公司未来业绩，尤其是真实盈余管理行为对公司价值的伤害更大，真实盈余管理偏离公司正常经营活动；应计盈余管理掩盖公司真实业绩，可能会降低公司资源的配置效率。二者都会引起公司价值的下降。另一种观点认为，盈余管理是公司管理层对外传递公司私有信息的主要机制，反映公司真实的经济价值，尤其是真实盈余管理可以为公司争取更大的发展空间，向外界传递公司未来前景良好的信号（Graham et al.，2005；Zhang，2012；Zhao et al.，2012），市场也会给予正面的反应，公司价值提升。

根据前文的研究结论，公司风险承受水平上升，业绩波动增大，为了降低公司的交易成本，管理层的盈余管理程度增加，盈余管理行为能否成为有效的信号机制来传递公司发展的私有信息、提升公司价值，已经成为影响公司发展的一个重要问题。本章将围绕以下问题进行研究：第一，公司风险承受水平上升，对公司价值产生什么影响？第二，增加的盈余管理程度对两者关系产生怎样的影响？第三，公司采取不同的盈余管理方式，对两者关系的影响是否存在差异？

6.2　理论分析与研究假设

公司风险承受水平是公司未来业绩的重要信号。随着公司风险承受水平的上升，公司预期收益报酬上升，公司销售收入增长、资产配置效率提高，公司价值得到提升（John，2008）。如 John 等（2008）研究发现，公司风险承受水平可以促进公司销售收入增长、资产增长，与公司价值呈显著正相关的关系。Fassio 等（2011）则是从高管性别的角度发现女性 CEO 与男性 CEO 相比更加谨慎，因此公司的风险承受水平更低，公司的资产配置效率下降，阻碍公司的价值最大化。因此，公司承担一定的风险，投资更多预期净现值为正的项目，可以给企业带来更多的预期报酬，促进公司价值的提升。虽然 Fishburn（2010）发现公司盈利时会倾向于风险规避，亏损时倾向于风险追逐，但是并没有为公司风险承受导致公司价值降低提供直接证据。因此本章提出第一个假设。

假设1：公司风险承受水平与公司价值正相关。

公司风险承受水平上升，盈余指标和个股回报率的波动性增大，资本市场上的投资者会要求更高的最低风险报酬率作为承担风险的补偿，与银行等金融机构签订的信贷合约也会受到影响，公司的交易成本会上升。管理层的盈余管理行为可以影响投资者对公司经营状况的评价，避免契约条件的恶化和契约关系的破裂，有效降低公司的交易成本，公司价值提升。

盈余管理可以成为有效的信息传递机制，描绘公司的发展前景，让利益相关者了解公司真正的经济价值，降低与公司间的利益冲突，盈余管理对公司和其他利益相关者都是有益的（Scott，2014）。如 Tucker 和 Zarowin（2006）发现，企业对未来了解得越多，越会增加盈余管理以提高盈余的信息含量。除了平滑盈余，贷款损失准备、资产减值、操纵性应计项目、真实交易盈余管理等行为都可以传递公司发展的有关信息（Graham et al.，2005；Wahlen，1994；Beaver and Engel，1996；Rees et al.，1996；Altamuro et al.，2005；Louis and Robinson，2005；Gunny，2010；Badertscher et al.，2012；罗琦和王悦歌，2015）。

因此，随着公司承受风险水平的上升，管理层利用盈余管理调整盈余指标可以降低契约成本，传递公司发展前景的信息，增加投资者的信心，避免契约关系破裂，公司价值提高。盈余管理在公司风险承受水平与公司未来业绩的关系中明显起到信号传递效应。基于此，本章提出第二个假设。

假设2：公司风险承受水平上升，盈余管理行为增加进行信号传递，公司价值上升。

尽管应计盈余管理和真实盈余管理都可以帮助管理层向外传递私有信息（Gunny，2005；Cohen and Zarowin，2010；王福胜等，2014），两种盈余管理方式传递信号的有效性存在差异。根据信号传递理论，有效的信号传递工具需要具备稳定性、不可模仿性、相关性和成本不可替代性（Ross，1977）。首先，只有管理层对公司未来现金流有信心，才能够选择并使用偏离最优策略的真实盈余管理，满足稳定性的特征，应计盈余管理会受到会计灵活性的限制，不久的将来一定会发生逆转；其次，应计盈余管理的会计方法变更很容易被模仿，而真实盈余管理需要改变交易实质偏离最优的公司策略，业绩差的公司不敢也不易进行模仿；再次，真实盈余管理包含促销、加速生产、关联方交易等方法，可以被解释成迎合市场需求和变化的策略，与投资者的决策相关性更强，但是应计盈余管理只是对最终盈余指标进行调整；最后，应计盈余管理多数发生在期末，激进的会计处理方式，容易受到证监会的处罚，更容易受到监管者或审计师的质疑，产生高昂的法律和诉讼成本，但是真实盈余管理由于不易被辨识，因而牵涉的诉讼成本较小。总之从信号传递工具的有效性来看，真实盈余管理的信号传递效果会更好。因此本章提出第三个假设。

假设3：公司风险承受水平上升，与应计盈余管理相比，真实盈余管理行为的信号传递效应更强，公司价值上升。

6.3 研究设计和样本选择

6.3.1 研究设计

（1）公司价值变量的衡量（$TobinQ_{i,t+1}$）。

本书利用托宾Q值A来度量公司价值（$TobinQ_{i,t+1}$），计算方法是（流通股市值+非流通股市值+负债合计）/期末总资产。

（2）研究模型。

①公司风险承受水平影响公司价值。为了验证假设1，我们利用模型（6-1）验证公司风险承受对公司价值的影响。为了检验结果的稳健

性，本章后面会放宽观察期并对公司风险承受水平进行进一步检验。

$$\begin{aligned}TobinQ_{i,t+1} = {} & \alpha + \beta_1 RISK_{i,t} + \beta_2 SOE_{i,t} + \beta_3 AUD_{i,t} + \beta_4 OWN_{i,t} + \beta_5 ROA_{i,t} + \\ & \beta_6 SIZE_{i,t} + \beta_7 LEVERAGE_{i,t} + \beta_8 GROWTH_{i,t} + \\ & \beta_9 LISTAGE_{i,t} + \beta_{10} PAY_{i,t} + \beta_{11} SDCFO_{i,t} + IND + \\ & YEAR + \mu_{i,t} \end{aligned} \tag{6-1}$$

模型（6-1）中，因变量是公司价值，自变量是公司风险承受水平，控制变量保持不变。

②盈余管理的信号传递效应。为了验证假设 2 和假设 3，本书采用以下模型：

$$\begin{aligned}TobinQ_{i,t+1} = {} & \alpha + \beta_1 RISK_{i,t} + \beta_2 RISK_{i,t} \times EMD_{i,t} + \beta_3 SOE_{i,t} + \beta_4 AUD_{i,t} + \\ & \beta_5 OWN_{i,t} + \beta_6 ROA_{i,t} + \beta_7 SIZE_{i,t} + \beta_8 LEVERAGE_{i,t} + \\ & \beta_9 GROWTH_{i,t} + \beta_{10} LISTAGE_{i,t} + \beta_{11} PAY_{i,t} + \\ & \beta_{12} SDCFO_{i,t} + IND + YEAR + \mu_{i,t} \end{aligned} \tag{6-2}$$

在模型（6-1）的基础上，模型（6-2）增加了公司风险承受水平和盈余管理程度的交乘项（RISK × EMD）用于验证盈余管理程度在风险承受水平与公司价值之间是否存在信号传递效应，EMD 为盈余管理程度的虚拟变量，当公司盈余管理程度大于同行业同年度中位数取 1，否则取 0（包括应计盈余管理程度虚拟变量 ADAD 和真实盈余管理程度虚拟变量 AREMD），被解释变量为公司价值（$TobinQ_{i,t+1}$），本书期望交乘项系数（β_2）显著为正。

6.3.2 样本选择

本章的研究样本来自 2004～2013 年在上海、深圳交易所上市的所有 A 股主板上市公司，数据来自国泰安（CSMAR）数据库，并对样本数据作以下筛选：（1）删除金融业上市公司；（2）删除 ST 公司；（3）对变量观察值缺失的研究样本予以删除；（4）删除无 5 个连续观察值的上市公司；（5）除哑变量以外所有变量观察值在上下1%的水平上进行Winsorize处理。由于加入公司价值（TobinQ）变量，最后得到1373家公司10430个观察值，由于模型中滞后一期的处理，观察值又减少1381个。

6.4　实证结果

6.4.1　相关性分析

表6－1显示公司价值TobinQ与盈余管理程度之间都是正相关关系，与公司风险承受水平的相关系数只有0.3246，不超过0.5。

表6－1　　主要变量的PEARSON相关性分析

变量	ADA	A_CFO	A_PROD	A_EXP	AREM	RISK	TobinQ
ADA	1.00						
A_CFO	0.5831*	1.00					
A_PROD	0.3751*	0.4722*	1.00				
A_EXP	0.2897*	0.2864*	0.5624*	1.00			
AREM	0.4097*	0.5947*	0.8916*	0.6723*	1.00		
RISK	0.0770*	0.0486*	0.0551*	－0.02	0.0426*	1.00	
TobinQ	0.0379*	0.02	0.0927*	0.0880*	0.1023*	0.3246*	1.00

注：变量说明见表4－1，*表示10%的水平上显著。

6.4.2　单变量分析

本章首先按照同行业同年度上市公司盈余管理程度的中位数将样本分为四个分组，分别是高应计盈余管理程度/高真实盈余管理程度、高应计盈余管理程度/低真实盈余管理程度、低应计盈余管理程度/高真实盈余管理程度以及低应计盈余管理程度、低真实盈余管理程度，进行公司价值（TobinQ）的中位数差异检验，结果列于表6－2。从表6－2中看出，在低真实盈余管理程度组中，应计盈余管理程度高的组的公司价值显著高于应计盈余管理低的组，在低应计盈余管理程度组中，高真实盈余管理程度组的公司价值显著高于真实盈余管理程度低的组，初步反映出盈余管理程度对公司价值的正面作用。

表6－2　　盈余管理程度分组的公司价值中位数分析

<table>
<tr><td colspan="2" rowspan="2"></td><td colspan="3">真实盈余管理程度</td></tr>
<tr><td>高</td><td>低</td><td>diff.
(p-value)</td></tr>
<tr><td rowspan="3">应计盈余管理程度</td><td>高</td><td>1.3740</td><td>1.3719</td><td>0.521
(0.6026)</td></tr>
<tr><td>低</td><td>1.3472</td><td>1.2989</td><td>3.283***
(0.0010)</td></tr>
<tr><td>diff.
(p-value)</td><td>0.932
(0.3512)</td><td>3.002***
(0.0027)</td><td></td></tr>
</table>

注：***表示1%的水平上显著。

6.4.3 多元回归分析

（1）公司风险承受与公司价值的实证分析。

为了检验假设1，本书利用面板数据固定效应进行模型（6－1）估计，实证结果列示于表6－3第（1）列，公司风险承受水平RISK的系数0.122显著为正，证实了假设1。公司过度承受风险可能导致公司经营困难，投资风险上升可能导致经营现金流的断裂。所以，本书进一步将全样本按照公司风险承受水平分成高、中、低三个分样本①，继续进

① 按照公司风险承受水平上下各10%作为高风险组和低风险组，中间的80%作为中水平组。

行模型（6-1）的估计，实证结果列示于表6-2的第（2）、第（3）、第（4）列。在低风险组，公司风险承受对公司价值正相关但是统计上不显著，说明公司风险承受偏低对公司价值没有明显的促进作用；在高风险组，公司风险承受水平的系数显著为负，说明公司承受风险过高不利于公司价值提高；第（3）列中公司风险承受水平的系数显著为正，实证结果验证假设1。

表6-3　　　公司风险承受影响公司价值实证结果

变量	全样本	按照公司风险承受水平高低分样本		
		高（upper10%）	中	低（lower10%）
	(1)	(2)	(3)	(4)
RISK	0.122*** (3.11)	0.021 (0.08)	0.145*** (2.79)	-1.016** (-2.27)
SOE	-0.106* (-1.75)	-0.055 (-0.29)	-0.091 (-1.46)	-0.140 (-1.14)
AUD	-0.094 (-1.52)	-0.487*** (-2.84)	-0.111 (-1.64)	0.443** (2.52)
OWN	0.156 (1.00)	0.514 (0.65)	0.258 (1.64)	0.064 (0.14)
ROA	0.562** (2.15)	-0.737 (-0.63)	0.661** (2.45)	-1.215 (-1.51)
SIZE	-0.601*** (-16.67)	-0.554*** (-4.33)	-0.583*** (-14.36)	-0.603*** (-4.53)
LEVERAGE	0.022 (0.16)	-0.016 (-0.03)	-0.045 (-0.35)	1.142* (1.74)
GROWTH	0.028 (0.94)	0.171 (1.12)	0.024 (0.76)	-0.074 (-0.49)
LISTAGE	0.144*** (19.31)	0.172*** (3.79)	0.141*** (17.41)	0.134*** (6.32)
PAY	0.016 (0.72)	-0.045 (-0.50)	0.022 (0.92)	-0.094 (-1.12)

续表

变量	全样本	按照公司风险承受水平高低分样本		
	(1)	高（upper10%）	中	低（lower10%）
		(2)	(3)	(4)
SDCFO	-0.316 (-0.91)	-1.383 (-1.39)	0.020 (0.05)	-1.454 (-1.01)
Intercept	12.716*** (17.94)	12.335*** (4.60)	12.239*** (15.50)	13.942*** (5.35)
Fixed Effects	Industry & Year			
N	9049	855	7347	847
R^2	0.402	0.364	0.405	0.436
F值	106.57***	10.76***	96.69***	9.72***

注：变量说明见表4-1，***、** 和 * 分别表示1%、5%和10%的水平上显著，括号中为t值，使用固定效应稳健标准误进行模型估计，行业效应通过面板数据个体固定效应进行控制。

控制变量方面，最终控股人性质（SOE）与公司价值负相关，说明国有控股公司的公司价值提升力弱于非国有控股公司；总样本中国际四大会计师事务所代表的审计质量（AUD）对公司价值的影响不明显，但是分样本中，在高风险组和低风险组审计质量都显著与公司价值正相关；公司第一大股东的持股比例（OWN）代表的股权集中度对公司价值没有显著影响，需要进一步进行研究；资产收益率（ROA）与公司价值显著正相关，说明公司的资产回报率越高，公司价值越高；公司规模（SIZE）不利于公司价值的提升，说明公司规模越大，公司价值提升越慢（显著负相关）；公司上市年龄（LISTAGE）对公司价值提升显著正相关，说明公司的上市时间越长，市场声誉越好，越有利于公司价值的提升；公司负债比率（LEVERAGE）、公司成长性（GROWTH）、高管薪酬（PAY）和经营性现金流（SDCFO）都对公司价值没有显著影响，需要进一步进行研究。

（2）盈余管理行为的信号传递效应检验。

为了验证假设2、假设3，进行模型（6-2）的估计，表6-4中第

(1)~第（3）列分别加入盈余管理程度虚拟变量（ADAD 和 AREMD）与公司风险承受水平的交乘项，模型（6-2）的实证结果列示于表6-4。

表6-4　　　　盈余管理信号传递效应实证结果

变量	$TobinQ_{i,t+1}$		
	(1)	(2)	(3)
RISK	0.122*** (2.93)	0.094** (2.33)	0.098** (2.34)
ADAD × RISK	0.000 (0.01)		-0.009 (-0.39)
AREMD × RISK		0.054** (1.98)	0.056** (1.98)
SOE	-0.106* (-1.74)	-0.104* (-1.71)	-0.104* (-1.71)
AUD	0.094* (1.72)	0.092 (1.48)	0.092 (1.48)
OWN	0.156 (1.00)	0.146 (0.93)	0.146 (0.94)
ROA	0.562** (2.15)	0.541** (2.06)	0.538** (2.05)
SIZE	-0.601*** (-16.67)	-0.601*** (-16.70)	-0.601*** (-16.69)
LEVERAGE	0.022 (0.16)	0.019 (0.14)	0.020 (0.14)
GROWTH	0.028 (0.94)	0.026 (0.89)	0.026 (0.90)
LISTAGE	0.144*** (19.31)	0.144*** (19.34)	0.144*** (19.34)
PAY	0.016 (0.72)	0.016 (0.74)	0.016 (0.74)
SDCFO	-0.315 (-0.90)	-0.156 (-0.44)	-0.177 (-0.50)
Intercept	12.716*** (17.92)	12.708*** (17.94)	12.711*** (17.93)

续表

变量	$TobinQ_{i,t+1}$		
	(1)	(2)	(3)
Fixed Effects	Industry & Year		
N	9049	9049	9049
R^2	0.402	0.402	0.402
F值	101.05***	101.10***	96.16***
交乘项系数差异检验 (p-value)			18.6 (0.000)

注：变量说明见表4-1，***、** 和 * 分别表示1%、5%和10%的水平上显著，括号中为t值，使用固定效应稳健标准误进行模型估计，行业效应通过面板数据个体固定效应进行控制，系数差异检验是第三列中交乘项系数差异检验。

表6-4第（1）列中，加入的应计盈余管理程度虚拟变量与公司风险承受的交乘项（ADAD×RISK）的回归系数为0.000，在统计上不显著；第（2）列中，加入的真实盈余管理程度虚拟变量与公司风险承受（AREMD×RISK）的交乘项的回归系数为0.054，在1%水平上显著，公司风险承受水平对公司价值的作用变小仍显著（回归系数为0.094），说明真实盈余管理程度起到信号传递的作用，在公司风险承受对公司价值的影响上有增强的效应；第（3）列中，同时加入两种盈余管理程度虚拟变量与公司风险承受的交乘项，应计盈余管理程度虚拟变量与公司风险承受水平的交乘项系数为负但不显著（系数为-0.009），真实盈余管理程度虚拟变量与公司风险承受的交乘项系数为正，在1%水平上显著（系数为0.056），两者通过系数差异检验，存在显著差异。表6-4中的实证结果验证了本章的研究假设2和假设3。

控制变量在表6-4中情况如下：最终控股人性质（SOE）与公司价值显著负相关，说明国有控股公司与非国有控股公司相比，公司价值提升较慢；国际四大会计师事务所代表的审计质量（AUD）与公司价值显著正相关，说明审计质量越高，越会促进公司价值提高；股权集中度（OWN）与公司价值正相关但不显著；资产收益率（ROA）与公司价值显著正相关，说明企业盈利状况好，公司价值越高；公司规模（SIZE）对公司价值的系数显著负相关，大规模公司内部的代理矛盾可能越大，公司价值难以提升，说明上市公司规模的过度扩张不一定带来公司价值的提升，这一结果与杜兴强等（2011）的研究一致；公司财务杠杆（LEVERAGE）与公司价值正相关但不显著，说明公司杠杆可以促进公司价值；公司成长性（GROWTH）与公司价值正相关但不显著，需要进一步研究；公司上市年龄（LISTAGE）与公司价值显著正相关，上市时间越长越有利于公司价值的提高，说明上市公司的信息披露日渐规范，有助于未来公司价值的提升；公司高管的薪酬激励（PAY）与公司价值正相关但不显著；公司经营性现金流的波动（SDCFO）与公司价值正相关但不显著。

（3）进一步检验（放宽观察期）。

公司风险承受对公司的长期发展具有重要影响，本书将观察期间扩展到未来三年，进一步检验公司风险承受水平对公司价值提升的影响效果。公司风险承受更可能发生在成长性高、企业未来价值高的行业，因此公司风险承受水平可能具有内生性（John et al.，2008），为了缓解内生性问题，本书用滞后项和业务复杂度作为公司风险承受水平的工具变量对模型6-1进行2SLS估计。因变量分别是未来1期、未来2期和未来3期的公司价值，实证结果列于表6-5。结果显示，公司风险承受水平与公司未来三期的价值都显著正相关，说明公司主动承受风险，选择高风险高回报的投资项目，加快公司的财富积累，促进公司价值的提升。

表6-5　　　　公司风险承受水平对公司价值的影响实证结果

Panel A　第一阶段回归和工具变量的有效性			
变量	RISK	RISK	RISK
	(1)	(2)	(3)
L. RISK	0.565***	0.613***	0.553***
	(40.42)	(44.93)	(36.73)

续表

Panel A 第一阶段回归和工具变量的有效性			
变量	RISK	RISK	RISK
	(1)	(2)	(3)
INVRATIO	-0.029 (-1.10)	-0.036 (-1.16)	-0.026 (-0.72)
SOE	-0.013 (-1.65)	-0.011 (-1.18)	-0.016 (-1.54)
AUD	-0.029* (-1.82)	-0.030 (-1.62)	-0.035 (-1.63)
OWN	-0.016 (-0.63)	-0.030 (-1.05)	-0.023 (-0.69)
ROA	0.377*** (4.91)	0.357*** (4.25)	0.498*** (5.32)
SIZE	0.003 (0.80)	0.002 (0.47)	0.007 (1.38)
LEVERAGE	0.091*** (4.44)	0.096*** (4.25)	0.091*** (3.48)
GROWTH	0.009 (0.80)	0.002 (0.17)	-0.002 (-0.14)
LISTAGE	-0.003*** (-2.53)	-0.004*** (-2.82)	-0.003** (-2.04)
PAY	0.003 (0.62)	0.002 (0.27)	0.004 (0.55)
SDCFO	0.464*** (4.55)	0.492*** (4.39)	0.616*** (4.90)
Intercept	-0.142 (-1.49)	0.078 (0.73)	-0.106 (-0.86)
Fixed Effects	Industry & Year		
N	7745	6559	5433
R^2	0.5295	0.5219	0.4971
F 值	353.35***	360.31***	334.54***

续表

Panel A　第一阶段回归和工具变量的有效性			
变量	RISK	RISK	RISK
	(1)	(2)	(3)
工具变量的有效性			
partial R^2	0. 3220	0. 3381	0. 2635
F 值	819. 33	1014. 93	675. 85
p 值	0. 000	0. 000	0. 000
风险承受水平的内生性			
	H0：RISK 是外生的		
Robust F 值	5. 579	13. 6886	4. 835
p 值	0. 018	0. 000	0. 028

Panel B　第二阶段回归公司价值与公司风险承受水平回归结果			
变量	$TobinQ_{i,t+1}$	$TobinQ_{i,t+2}$	$TobinQ_{i,t+3}$
	(1)	(2)	(3)
被替代的 RISK	0. 463 ***	0. 429 ***	0. 365 ***
	(8. 45)	(7. 25)	(5. 28)
SOE	-0. 104 ***	-0. 125 ***	-0. 169 ***
	(-4. 49)	(-4. 65)	(-5. 53)
AUD	0. 223 ***	0. 226 ***	0. 204 ***
	(5. 54)	(4. 99)	(4. 25)
OWN	-0. 076	-0. 020	0. 148 *
	(-1. 11)	(-0. 25)	(1. 65)
ROA	1. 479 ***	0. 821 ***	0. 163
	(5. 18)	(2. 62)	(0. 46)
SIZE	-0. 428 ***	-0. 437 ***	-0. 432 ***
	(-32. 33)	(-28. 95)	(-26. 42)
LEVERAGE	-0. 347 ***	-0. 256 ***	-0. 215 **
	(-4. 66)	(-2. 99)	(-2. 26)
GROWTH	-0. 072 *	-0. 162 ***	-0. 085 *
	(-1. 93)	(-3. 78)	(-1. 93)

续表

Panel B 第二阶段回归公司价值与公司风险承受水平回归结果			
变量	$TobinQ_{i,t+1}$	$TobinQ_{i,t+2}$	$TobinQ_{i,t+3}$
	(1)	(2)	(3)
LISTAGE	0.011*** (3.12)	0.015*** (3.67)	0.019*** (3.93)
PAY	0.062*** (3.95)	0.053*** (2.90)	0.058*** (2.93)
SDCFO	1.099*** (3.58)	0.835** (2.44)	0.748* (1.91)
Intercept	10.335*** (34.25)	10.546*** (31.51)	10.295*** (27.88)
N	7745	6559	5433
R^2	0.394	0.350	0.335
Wald chi2	3402.83***	2695.34***	1974.52***

注：变量说明见表4-1，***、**和*分别表示1%、5%和10%的水平上显著，括号中为t值，使用固定效应稳健标准误进行模型估计，行业效应通过面板数据个体固定效应进行控制。在第一阶段回归中公司风险承受水平的工具变量是滞后项（L. RISK）和业务复杂程度（INVRATIO）。

（4）稳健性检验。

①模型6-1的内生性问题。公司风险承受更可能发生在成长性高、企业未来价值高的行业，因此公司风险承受水平可能具有内生性（John et al.，2008）。本书利用2SLS（两阶段回归分析）继续进行模型6-1的估计，来缓解内生性问题，实证结果列于表6-6。本书分别选择滞后项、同行业其他企业异质性风险的中位数和均值①作为工具变量，并就公司风险承受水平的内生性、工具变量的有效性都进行了检验，结果报告于表6-6的Panel A，检验结果显示公司风险承受水平变量是内生的，

① 公司异质性风险的计算仿照Adams等（2005）的做法，利用市场回报率单因素模型$SR_{i,t}=\beta_i\times MR_t+\varepsilon_{i,t}$分年度回归系数结果计算的残差项的五年标准差度量公司的异质性风险，其中，$SR_{i,t}$代表i公司每个年度t月度市场回报率，MR_t代表t月度分市场回报率。

选取的三个工具变量除了同行业其他企业异质性风险的均值以外都是有效的，第二阶段的回归结果没有实质性变化。

表6-6　　　　公司风险承受水平与公司价值2SLS实证结果

变量	滞后项	异质性风险行业中位数	异质性风险行业均值
	(1)	(2)	(3)
Panel A 第一阶段和工具变量的有效性			
L. RISK	0.565*** (40.42)		
MEDIANRISK		7.453*** (4.11)	
MEANRISK			0.248 (0.84)
INVRATIO	-0.029 (-1.10)	-0.078*** (-2.75)	-0.081*** (-2.84)
SOE	-0.013 (-1.65)	-0.033*** (-3.73)	-0.033*** (-3.74)
AUD	-0.029* (-1.82)	-0.051*** (-3.05)	-0.051*** (-3.06)
OWN	-0.016 (-0.63)	-0.008 (-0.30)	-0.009 (-0.33)
ROA	0.377*** (4.91)	0.558*** (6.69)	0.559*** (6.68)
SIZE	-0.003 (0.80)	0.015 (3.47)	0.015*** (3.43)
LEVERAGE	0.091*** (4.44)	0.143*** (6.29)	0.144*** (6.34)
GROWTH	0.009 (0.80)	-0.011 (-0.91)	0.010 (0.87)
LISTAGE	-0.003** (-2.53)	-0.003*** (-2.77)	-0.003*** (-2.82)
PAY	0.003 (0.62)	0.014** (2.56)	0.014*** (2.57)

续表

Panel A 第一阶段和工具变量的有效性			
变量	滞后项	异质性风险行业中位数	异质性风险行业均值
	(1)	(2)	(3)
SDCFO	0.464 (4.55)	0.995 *** (9.08)	0.997 *** (9.10)
Intercept	0.142 (-1.49)	-0.692 *** (-5.57)	-0.392 *** (-3.93)
Fixed Effects	Industry & Year		
N	7745	9049	9049
R^2	0.5295	0.3425	0.3414
F 值	353.35 ***	229.89 ***	228.82
工具变量的有效性			
partial R^2	0.3220	0.0025	0.0009
F 值	819.33	12.3147	4.4250
p 值	0.000	0.000	0.0120
风险承受水平的内生性检验			
	H0：RISK 是外生的		
Robust F 值	5.579	12.4066	12.6805
p 值	0.018	0.000	0.000
Panel B 第二阶段回归公司价值与风险承受回归结果			
变量	Tobin $Q_{i,t+1}$		
被替代的 RISK	0.463 *** (8.45)	2.053 *** (3.47)	3.545 ** (2.47)
SOE	-0.104 *** (-4.49)	-0.051 (-1.59)	-0.003 (-0.05)
AUD	0.223 *** (5.54)	0.279 *** (5.17)	0.350 *** (3.69)
OWN	-0.076 (-1.11)	-0.064 (-0.83)	-0.044 (-0.40)
ROA	1.479 *** (5.18)	0.665 (1.54)	-0.158 (-0.18)

续表

Panel B 第二阶段回归公司价值与风险承受回归结果			
变量	Tobin $Q_{i,t+1}$		
SIZE	-0.428*** (-32.33)	-0.431*** (-25.42)	-0.453*** (-15.85)
LEVERAGE	-0.347*** (-4.66)	-0.571*** (-5.23)	-0.772*** (-3.66)
GROWTH	-0.072* (-1.93)	-0.081** (-1.97)	-0.096* (-1.75)
LISTAGE	0.011*** (3.12)	0.015*** (3.49)	0.020*** (2.83)
PAY	0.062*** (3.95)	0.041** (2.26)	0.022 (0.73)
SDCFO	1.099*** (3.58)	-0.525 (-0.83)	-1.973 (-1.39)
Intercept	10.335*** (34.25)	9.698*** (25.71)	10.252*** (15.20)
N	7745	9049	9049
R^2	0.394	0.106	.
Wald chi2	3402.83***	3376.58***	2142.55***

注：变量说明见表4-1，***、**和*分别表示1%、5%和10%的水平上显著，括号中为t值，使用固定效应稳健标准误进行模型估计，行业效应通过面板数据个体固定效应进行控制。在第一阶段回归中第（1）列公司风险承受水平的工具变量是滞后项（L.RISK）和业务复杂程度（INVRATIO）；第（2）列公司风险承受水平的工具变量是行业内其他公司的异质性风险的中位数（MEDIANRISK）和业务复杂程度（INVRATIO）；第（3）列公司风险承受水平的工具变量是行业内其他公司的异质性风险的均数（MEANRISK）和业务复杂程度（INVRATIO）。

②模型（6-2）的内生性问题。研究盈余管理程度的信号传递效应时，本书将盈余管理程度虚拟变量的交乘项带入模型（6-1）中进行考察，仍然存在前面提到的内生性问题。本书利用同行业同年度公司风险承受水平的中位数构建风险承受水平哑变量（RISKD）①，按照 Maddala

① RISKD是公司风险承受水平的哑变量，当公司风险承受水平大于同行业、同年度的中位数时取1，否则取0。

（1983）的 Treatment Effects Model 对模型（6－1）进行最大似然估计，试图缓解内生性问题和多重共线性问题，结果显示公司风险承受水平具有内生性。所以，模型（6－1）使用 Treatment Effects Model 估计，并控制行业和年度效应，实证结果列示于表6－7。

表6－7的第（2）列中，加入应计盈余管理变量的交乘项的回归系数为0.008，统计上不显著，而公司风险承受水平对公司价值的正影响变小且仍然显著（回归系数为0.601，在1%水平上显著）；第（3）列中，加入真实盈余管理变量的交乘项对公司价值显著正相关（回归系数0.019，在1%水平上显著），公司风险承受水平对公司价值的作用变小仍显著（回归系数为0.528），说明真实盈余管理起到信号传递的作用。表6－7中的实证结果显示本书的基本结论没有实质性变化。

表6－7　　公司风险承受水平对公司价值回归及盈余管理信号传递效应检验结果

Panel A 第二阶段回归结果			
变量	模型（6－1）	模型（6－2）	
	（1）	（2）	（3）
RISKD	0.690*** (8.96)	0.594*** (9.31)	0.528*** (8.28)
ADAD × RISK		0.008 (1.43)	
AREMD × RISK			0.019*** (8.20)
SOE	－0.106*** (－4.80)	－0.105*** (－4.78)	－0.099*** (－4.49)
AUD	0.207*** (4.59)	0.206*** (4.57)	0.203*** (4.52)
OWN	－0.075 (－1.09)	－0.077 (－1.12)	－0.112 (－1.64)
ROA	1.538*** (8.08)	1.548*** (8.13)	1.373*** (7.20)

续表

Panel A 第二阶段回归结果			
变量	模型（6-1）	模型（6-2）	
	(1)	(2)	(3)
SIZE	-0.428*** (-38.39)	-0.427*** (-38.32)	-0.424*** (-38.22)
LEVERAGE	-0.336*** (-5.96)	-0.339*** (-6.01)	-0.340*** (-6.05)
GROWTH	-0.072** (-2.31)	-0.074** (-2.37)	-0.090*** (-2.88)
LISTAGE	0.011*** (3.49)	0.011*** (3.47)	0.011*** (3.45)
PAY	0.061*** (4.08)	0.061*** (4.12)	0.060*** (4.03)
SDCFO	1.210*** (4.81)	1.323*** (5.12)	1.713*** (6.67)
Intercept	9.586*** (38.59)	9.587*** (38.59)	9.572*** (38.69)
Fixed Effects	Industry & Year		
N	7745	7745	7745
Lambda	-0.313*** (-6.20)		
Athrho		-0.309*** (-6.36)	-0.321*** (-6.52)
lnsigma		-0.144*** (-12.59)	-0.146*** (-12.46)
Panel B 第一阶段 Probit 回归			
L. RISK	1.042*** (26.96)	1.057*** (27.49)	1.057*** (27.50)
Constant	-0.628*** (-23.49)	-0.632*** (-23.74)	-0.631*** (-23.72)

注：变量说明见表4-1，***、**和*分别表示1%、5%和10%的水平上显著，括号中为t值，模型（6-1）和模型（6-2）用公司风险承受水平滞后项作为工具变量进行 treatment effects model MLE 估计，控制行业效应和年度效应。

③替换公司价值度量变量。本书利用净资产回报率 A（ROE）代替 TobinQ 度量公司价值，观察风险承受水平对公司价值的影响。实证结果报告于表 6-8，结论没有发生实质性变化。

第（1）列中，公司风险承受水平与公司价值显著正相关（系数为 0.014，在 10% 水平上显著），在风险承受水平高、中、低分组样本中仍然可以看到，风险承受水平过低，对公司价值没有促进作用，公司风险承受水平过高，会损害公司价值。

表 6-8　公司风险承受水平对公司价值（ROE）影响的实证结果

变量	公司价值（ROE）			
	全样本	按照公司风险承受水平高低分样本		
		高	中	低
	(1)	(2)	(3)	(4)
RISK	0.014* (1.94)	0.021 (0.08)	0.145*** (2.79)	-1.016** (-2.27)
SOE	-0.022 (-1.23)	-0.055 (-0.29)	-0.091 (-1.46)	-0.140 (-1.14)
AUD	0.018 (0.90)	-0.487*** (-2.84)	-0.111 (-1.64)	0.443** (2.52)
OWN	0.248*** (6.95)	0.514 (0.65)	0.258 (1.64)	0.064 (0.14)
ROA	0.203*** (2.61)	-0.737 (-0.63)	0.661** (2.45)	-1.215 (-1.51)
SIZE	-0.059*** (-8.23)	-0.554*** (-4.33)	-0.583*** (-14.36)	-0.603*** (-4.53)
LEVERAGE	0.205*** (7.44)	-0.016 (-0.03)	-0.045 (-0.35)	1.142* (1.74)
GROWTH	0.037*** (4.31)	0.171 (1.12)	0.024 (0.76)	-0.074 (-0.49)
LISTAGE	0.013*** (7.57)	0.172*** (3.79)	0.141*** (17.41)	0.134*** (6.32)

续表

变量	公司价值（ROE）			
	全样本	按照公司风险承受水平高低分样本		
		高	中	低
	(1)	(2)	(3)	(4)
PAY	0.012** (2.44)	-0.045 (-0.50)	0.022 (0.92)	-0.094 (-1.12)
SDCFO	0.068 (0.75)	-1.383 (-1.39)	0.020 (0.05)	-1.454 (-1.01)
Intercept	0.809*** (5.83)	12.335*** (4.60)	12.239*** (15.50)	13.942*** (5.35)
Fixed Effects	Industry & Year			
N	9049	855	7347	847
R^2	0.054	0.364	0.405	0.436
F 值	12.66***	10.76	96.69***	9.72***

注：变量说明见表4-1，***、** 和 * 分别表示1%、5%和10%的水平上显著，括号中为t值，使用固定效应稳健标准误进行模型估计，行业效应通过面板数据个体固定效应进行控制。

④替换模型（6-2）中的真实盈余管理程度虚拟变量。本书利用真实盈余管理程度的其他代理变量（A_CFO，A_PROD，A_EXP）生成盈余管理程度虚拟变量，带入模型（6-2）进行检验，实证结果显示，异常的经营性现金流表示的真实盈余管理可以起到信号传递的作用，交乘项系数显著为正。实证结果列于表6-9。

表6-9　变换真实盈余管理程度虚拟变量模型（6-2）实证结果

变量	模型（6-2）		
	(1)	(2)	(3)
	A_CFO	A_PROD	A_EXP
RISK	0.100** (2.47)	0.102*** (2.63)	0.113*** (2.95)

续表

变量	模型（6－2）		
	（1）	（2）	（3）
	A_CFO	A_PROD	A_EXP
EM×EISK	0. 041 * （1. 68）	0. 040 （1. 44）	0. 041 （1. 14）
SOE	－0. 105 * （－1. 72）	－0. 106 * （－1. 75）	－0. 106 * （－1. 75）
AUD	－0. 096 （－1. 54）	－0. 094 （－1. 52）	－0. 093 （－1. 50）
OWN	0. 150 （0. 96）	0. 148 （0. 95）	0. 150 （0. 96）
ROA	0. 542 ** （2. 07）	0. 541 ** （2. 07）	0. 560 ** （2. 15）
SIZE	－0. 601 *** （－16. 67）	－0. 601 *** （－16. 69）	－0. 602 *** （－16. 70）
LEVERAGE	0. 015 （0. 11）	0. 017 （0. 13）	0. 020 （0. 14）
GROWTH	0. 027 （0. 92）	0. 026 （0. 89）	0. 027 （0. 93）
LISTAGE	0. 144 *** （19. 32）	0. 144 *** （19. 35）	0. 144 *** （19. 37）
PAY	0. 015 （0. 70）	0. 016 （0. 74）	0. 016 （0. 76）
SDCFO	－0. 193 （－0. 53）	－0. 213 （－0. 61）	－0. 237 （－0. 68）
Intercept	12. 711 *** （17. 93）	12. 708 *** （17. 94）	12. 712 *** （17. 96）
Fixed Effects	Industry & Year		
N	9049	9049	9049
R^2	0. 402	0. 402	0. 402
F 值	102. 45 ***	101. 29 ***	101. 37 ***

注：变量说明见表 4－1，***、** 和 * 分别表示 1%、5% 和 10% 的水平上显著，括号中为 t 值，使用固定效应稳健标准误进行模型估计，行业效应通过面板数据个体固定效应进行控制。

（5）按照上市公司盈余质量分组。Liu 等（1997）发现，接近最低法定资本的银行使用坏账计提可以传递信息，带来正面的市场反应，但是这个现象只出现在第四季度，因为第四季度报表需要经过审计人员的审查，可信度更高。所以，上市公司本身的盈余质量直接影响盈余管理信号传递效果的发挥。

上市公司盈余质量越高，更容易赢得公司其他利益相关者的信任，盈余管理的信号传递效果能够更好发挥。本书利用盈余的可持续性（persistence）① 度量公司盈余质量，全样本按照同行业盈余可持续性中位数分成高盈余质量组和低盈余质量组②，分别估计模型（6-2），实证结果列于表6-10。表6-10第（1）列高盈余质量组中，应计盈余管理的交乘项与公司价值正相关在1%水平上显著；第（2）列低盈余质量组中，正相关但不显著；第（3）列高盈余质量组中，真实盈余管理的交乘项与公司价值显著正相关，在0.01水平上显著；第（4）列低盈余质量组中，真实盈余管理与公司价值正相关不显著。实证结果说明盈余管理活动在高盈余质量样本中信号传递效果更强，在低盈余质量组中信号传递效果不显著。

表6-10 盈余质量分样本的盈余管理信号传递效应检验结果

变量	公司价值 TobinQ			
	应计盈余管理		真实盈余管理	
	高质量组	低质量组	高质量组	低质量组
	(1)	(2)	(3)	(4)
RISKD	0.083*** (2.97)	0.032 (0.99)	0.074** (2.52)	0.010 (0.32)

① 盈余的可持续性（persistence）利用模型的系数（$Earnings_{t+1} = \alpha + \beta\ Earnings_t + \varepsilon_t$）表示，值越大说明盈余的可持续性越高，盈余质量越高。

② 高质量组是盈余可持续性大于同行业的中位数的样本，低质量组是盈余可持续性小于同行业的中位数的样本。

续表

变量	公司价值 TobinQ			
	应计盈余管理		真实盈余管理	
	高质量组	低质量组	高质量组	低质量组
	(1)	(2)	(3)	(4)
ADA × RISKD	0. 021 ** (2. 50)	-0. 005 (-0. 75)		
AREM × RISKD			0. 010 *** (2. 88)	0. 002 (0. 74)
SOE	-0. 103 (-1. 48)	-0. 134 (-1. 27)	-0. 103 (-1. 49)	-0. 135 (-1. 28)
AUD	-0. 053 (-0. 74)	-0. 075 (-0. 92)	-0. 046 (-0. 65)	-0. 074 (-0. 91)
OWN	0. 229 (1. 05)	-0. 494 ** (-2. 04)	0. 217 (1. 00)	-0. 516 ** (-2. 12)
ROA	1. 545 *** (4. 46)	-0. 494 (-1. 16)	1. 475 *** (4. 25)	-0. 512 (-1. 21)
SIZE	-0. 587 *** (-12. 75)	-0. 416 *** (-9. 26)	-0. 588 *** (-12. 77)	-0. 417 *** (-9. 34)
LEVERAGE	0. 119 (0. 60)	-0. 230 (-1. 39)	0. 130 (0. 65)	-0. 236 (-1. 42)
GROWTH	0. 059 (1. 42)	0. 026 (0. 66)	0. 052 (1. 25)	0. 023 (0. 59)
LISTAGE	0. 146 *** (16. 21)	-0. 088 ** (-2. 54)	0. 144 *** (16. 09)	-0. 088 ** (-2. 55)
PAY	0. 018 (0. 60)	0. 021 (0. 61)	0. 019 (0. 65)	0. 023 (0. 66)
SDCFO	-0. 082 (-0. 16)	0. 008 (0. 02)	-0. 068 (-0. 13)	0. 157 (0. 33)
Intercept	12. 203 *** (13. 67)	12. 026 *** (12. 48)	12. 209 *** (13. 68)	12. 047 *** (12. 57)
Fixed Effects	Industry & Year			
N	4784	4265	4784	4265

续表

变量	公司价值 TobinQ			
	应计盈余管理		真实盈余管理	
	高质量组	低质量组	高质量组	低质量组
	(1)	(2)	(3)	(4)
R^2	0.426	0.400	0.427	0.400
F值	83.72***	84.42***	84.42***	86.07***
组间交乘项系数检验（p值）	10.65*** (0.0011)		6.57** (0.0485)	

注：变量说明见表4-1，***、**和*分别表示1%、5%和10%的水平上显著，括号中为t值，控制行业效应和年度效应。

（6）排除中介效应影响。本书借鉴温忠麟（2004）中介效应检验程序，利用三组模型验证风险承受水平、盈余管理行为和公司价值三者之间的关系：

$$EM_{i,t} = \alpha + \beta_1 RISK_{i,t} + \beta_2 SOE + \beta_3 AUD + \beta_4 OWN + \beta_5 ROA + \beta_6 SIZE + \beta_7 LEVERAGE + \beta_8 GROWTH + \beta_9 LISTAGE + \beta_{10} PAY + \beta_{11} SDCFO + IND + YEAR + \mu_{i,t} \quad \text{模型(4-5)}$$

$$TobinQ_{i,t+1} = \alpha + \beta_1 RISK_{i,t} + \beta_2 SOE + \beta_3 AUD + \beta_4 OWN + \beta_5 ROA + \beta_6 SIZE + \beta_7 LEVERAGE + \beta_8 GROWTH + \beta_9 LISTAGE + \beta_{10} PAY + \beta_{11} SDCFO + IND + YEAR + \mu_{i,t} \quad \text{模型(6-1)}$$

$$TobinQ_{i,t+1} = \alpha + \beta_1 RISK_{i,t} + \beta_2 EM_{i,t} + \beta_3 SOE + \beta_4 AUD + \beta_5 OWN + \beta_6 ROA + \beta_7 SIZE + \beta_8 LEVERAGE + \beta_9 GROWTH + \beta_{10} LISTAGE + \beta_{11} PAY + \beta_{12} SDCFOIND + YEAR + \mu_{i,t} \quad \text{模型(6-2)}$$

在模型（4-5）的基础上，模型（6-1）、模型（6-2）用于验证盈余管理程度（ADA、AREM）在风险承受水平与公司价值之间是否存在信号传递效应，解释变量为公司风险承受水平（RISK）和盈余管理程度（ADA、AREM），被解释变量为公司价值（$TobinQ_{i,t+1}$）。

风险承受水平高的公司更可能发生在成长性高、企业未来价值高的行业（John et al.，2008），模型（6－1）、模型（6－2）中的公司风险承受水平与公司价值可能存在内生性，导致混合 OLS 的结果存在问题。本书利用滞后项和业务复杂度（INVRATIO）作为公司风险承受水平的工具变量对模型（4－5）、模型（6－1）和模型（6－2）进行 2SLS 估计，实证结果列示于表 6－11，由于模型（6－2）没有通过 Sobel 的检验，可以剔除中介效应影响。

表 6－11　　　盈余管理信号传递效应 2SLS 实证结果

Panel A 第一阶段和工具变量的有效性				
变量	模型（6－1）	模型（6－2）RISK		
L. RISK	0.565*** (40.62)	0.562*** (39.99)	0.565*** (40.42)	0.562*** (40.02)
INVRATIO	－0.029 (－1.10)	－0.029 (－1.07)	－0.030 (－1.12)	－0.028 (－1.08)
SOE	－0.013 (－1.65)	－0.011 (－1.39)	－0.012 (－1.51)	－0.011 (－1.36)
AUD	－0.029* (－1.82)	－0.029* (－1.80)	－0.032** (－1.98)	－0.030* (－1.86)
OWN	－0.016 (－0.63)	－0.022 (－0.87)	－0.022 (－0.86)	－0.024 (－0.95)
ROA	0.377*** (4.91)	0.388*** (5.04)	0.351*** (4.57)	0.377*** (4.85)
SIZE	0.003 (0.80)	0.004 (0.98)	0.004 (0.98)	0.004 (1.04)
LEVERAGE	0.091*** (4.44)	0.086*** (4.16)	0.090*** (4.39)	0.086*** (4.16)
GROWTH	0.009 (0.80)	0.007 (0.61)	0.008 (0.65)	0.007 (0.56)
LISTAGE	－0.003** (－2.53)	－0.003*** (－2.66)	－0.003*** (－2.53)	－0.003*** (－2.65)

续表

Panel A 第一阶段和工具变量的有效性				
变量	模型（6－1）	模型（6－2）RISK		
PAY	0.003 （0.62）	0.003 （0.59）	0.003 （0.53）	0.003 （0.56）
SDCFO	0.464 *** （4.55）	0.608 *** （5.58）	0.545 *** （5.07）	0.629 *** （5.68）
Intercept	－0.142 （－1.49）	－0.165 （－1.74）	－0.157 （－1.64）	－0.169 * （－1.78）
Fixed Effects	Industry & Year			
N	7745	7745	7745	7745
R^2	0.529	0.531	0.5299	0.5310
F 值	353.35 ***	342.13 ***	341.71 ***	331.30 ***
工具变量的有效性				
partial R^2	0.3220	0.3193	0.3221	0.3194
F 值	819.32	801.843	819.211	803.021
p 值	0.000	0.000	0.00	0.00
风险承受水平的内生性				
	H0：RISK 是外生的			
Robust F 值	5.579	5.2845	6.2424	6.343
p 值	0.0182	0.0215	0.0125	0.0118

Panel B 第二阶段回归盈余管理的信号传递作用回归结果				
变量	公司价值（TobinQ）			
被替代的 RISK	0.463 *** （8.45）	0.454 *** （8.23）	0.460 *** （8.45）	0.464 *** （8.44）
ADA		0.012 *** （2.72）		－0.005 （－0.96）
AREM			0.018 *** （8.06）	0.019 *** （7.64）

续表

Panel B 第二阶段回归盈余管理的信号传递作用回归结果				
变量	公司价值（TobinQ）			
SOE	−0.104 *** (−4.49)	−0.101 *** (−4.35)	−0.092 *** (−4.01)	−0.093 *** (−4.04)
AUD	0.223 *** (5.54)	0.224 *** (5.54)	0.195 *** (4.95)	0.194 *** (4.92)
OWN	−0.076 (−1.11)	−0.086 (−1.25)	−0.134 * (−1.94)	−0.132 * (−1.92)
ROA	1.479 *** (5.18)	1.501 *** (5.27)	1.211 *** (4.32)	1.191 *** (4.23)
SIZE	−0.428 *** (−32.33)	−0.427 *** (−32.25)	−0.421 *** (−31.90)	−0.421 *** (−31.93)
LEVERAGE	−0.347 *** (−4.66)	−0.355 *** (−4.78)	−0.359 *** (−4.81)	−0.357 *** (−4.79)
GROWTH	−0.072 * (−1.93)	−0.076 ** (−2.03)	−0.091 ** (−2.41)	−0.090 ** (−2.39)
LISTAGE	0.011 *** (3.12)	0.011 *** (3.05)	0.011 *** (3.12)	0.011 *** (3.15)
PAY	0.062 *** (3.95)	0.062 *** (3.93)	0.057 *** (3.61)	0.057 *** (3.61)
SDCFO	1.099 *** (3.58)	1.335 *** (4.16)	1.932 *** (5.93)	1.870 *** (5.68)
Intercept	10.335 *** (34.25)	10.296 *** (34.24)	10.183 *** (33.95)	10.192 *** (34.00)
N	7745	7745	7745	7745
R^2	0.394	0.394	0.402	0.402
Wald chi2	3402.83 ***	3404.16 ***	3418.99 ***	3419.74 ***
Sobel Z 值		−1.931 *	3.635	

注：变量说明见表4-1，***、**和*分别表示1%、5%和10%的水平上显著，括号中为t值，使用固定效应稳健标准误进行模型估计，行业效应通过面板数据个体固定效应进行控制。在第一阶段回归中公司风险承受水平的工具变量是滞后项（L. RISK）和业务复杂程度（INVRATIO），Z值为中介效应Sobel检验结果。第（1）列是模型（6-1）的估计，第（2）~第（4）列是模型（6-2）的估计。

在模型（4-5）的基础上，基于模型（6-1）和模型（6-2），考察公司风险承受水平对公司价值的影响以及盈余管理的信号传递效应。借鉴温忠麟（2004）中介效应检验程序，本章分三步来进行：

首先，在第4章表4-7的第（1）~（5）列，模型（4-5）的回归结果表明，公司风险承受水平（RISK）显著增加了应计和真实盈余管理行为的程度（在1%的水平上显著）。

其次，在表6-3中，模型（6-1）的实证结果显示，公司风险承受水平与公司价值显著正相关，系数是0.463，在1%的水平上显著。

最后，在模型（6-1）的基础上加入盈余管理的代理变量得到模型6-2，回归结果列于表6-3的第（2）~第（4）列。第2列中，加入应计盈余管理变量的回归系数为0.012，在1%的水平上显著，而公司风险承受水平对公司价值的正影响变小且仍然显著（回归系数为0.454，在1%水平上显著），Sobel检验的Z值显示应计盈余管理具有中介效应但是只在10%的基础上显著；第（3）列中，加入的真实盈余管理变量对公司价值显著正相关（回归系数0.018，在1%水平上显著），公司风险承受水平对公司价值的作用变小仍显著（回归系数为0.460），说明真实盈余管理起到部分信号传递的作用，但是Sobel检验结果不支持；第（4）列中，同时加入两种盈余管理方式变量，在公司风险承受水平的回归系数继续显著的前提下（系数是0.464，在1%的水平上显著），只有真实盈余管理的相关系数0.019在1%的水平上显著，应计盈余管理回归系数为负但是不显著，即对公司价值没有明显影响，表明两种盈余管理方式并存的情况下，只有真实盈余管理的信号传递效应有效（但是Sobel检验没有通过）。表6-3中的实证结果验证了本章的研究假设2和假设3。

控制变量在模型（6-1）和模型（6-2）中的情况都非常稳定：最终控股人性质（SOE）与公司未来价值显著负相关，说明国有控股公司与非国有控股公司相比，公司价值提升较慢；国际四大会计师事务所代表的审计质量（AUD）与公司价值显著正相关，审计质量越高，越会促进公司价值提高；股权集中度（OWN）与公司价值显著负相关，股权越集中，公司价值提高越慢，说明公司股权过于集中会抑制公司价值的提高；资产收益率（ROA）与公司价值显著正相关，说明企业盈利状况好，公司未来价值越高；公司规模（SIZE）对公司未来价值的系数显著为负，大规模公司内部的代理矛盾可能越大，公司价值难以提升，说明上市公司规模的过度扩张不一定带来公司价值的提升，这一结果与杜兴强等（2011）的研究一致；公司财务杠杆（LEVERAGE）与公司价值显著负相关，公司杠杆越高，债务负担越重，公司价值提高越慢，说明过度举债会降低公司价值；公司成长性（GROWTH）与公司价值显著负相关，说明过多的增长机会会导致公司经营风险的上升，如果超出公司承受能力，反而不利于公司价值的提升，这与王福胜等（2011）的研究结果相一致；公司上市年龄（LISTAGE）与公司价值显著正相关，上市时间越长越有利于公司价值的提高，说明上市公司的信息披露日渐规范，有助于未来公司价值的提升；公司高管的薪酬激励（PAY）能够促进公司价值的提升（显著正相关），说明高管有很强的动机提升企业价值；公司经营性现金流的波动（SDCFO）与公司价值显著正相关。

6.5 小　结

本章主要从公司价值角度考察公司风险承受影响盈余管理的经济后果。主要的研究结论有：

第一，公司风险承受水平与公司价值正相关。随着公司风险承受水平的提高，公司销售收入增长、资产配置效率提高，公司价值得到提升。这一结论在控制了公司治理环境、管理层激励、公司特征、行业等因素之后仍然存在。

第二，公司风险承受水平提高，盈余管理程度增加，公司价值提高。增加的盈余管理，一方面缓解公司与利益相关者之间的利益冲突，减低交易成本；另一方面传递公司发展的信息，帮助利益相关者了解公司的经济价值。盈余管理在公司风险承受与公司价值之间起信号传递作用。

第三，真实盈余管理的信号传递作用更加有效。从信号传递工具的有效性来看，真实盈余管理更加有效地传递了公司私有信息。

第7章 研究结论、局限与未来研究展望

前文介绍了本书的研究主题、相关文献和理论基础，研究了公司风险承受对盈余管理程度和盈余管理方式的影响，并对公司风险承受影响盈余管理的经济后果进行了理论分析和检验。本章对上述研究进行梳理，简单回顾本书的主要研究结论、研究局限，对未来的研究提出进一步的展望。

7.1 研究结论

本书以前景理论、信号传递理论、交易成本理论等为切入点，利用深、沪两市主板上市公司2004～2013年的数据，从理论和实证两个方面研究了公司风险承受对盈余管理程度、盈余管理方式的影响。在此基础上，本书实证检验了公司风险承受的经济后果以及盈余管理行为在公司风险承受与公司价值之间的信号传递作用。

本书的主要研究结论如下。

（1）公司风险承受水平越高，盈余管理程度越大。

本书以前景理论、信号传递理论和交易成本理论为基础，分析了公司风险承受水平对盈余管理程度的影响。本书认为，当公司风险承受水平上升，公司盈余和个股回报率的波动性随之增加，以投资者为代表的外部利益相关者缺乏公司经营信息，会要求更高的风险溢价，导致公司

交易成本上升。因此，管理层有动机利用平稳的盈余指标传递公司发展的私有信息，影响投资者对公司前景的评价和决策，避免借贷合约条件恶化甚至契约关系破裂，降低公司的交易成本，管理层的盈余管理程度增加。

进一步研究发现，选择交叉上市的公司可以克服市场壁垒，有效降低融资成本，分散风险，公司的信息披露程度也更高。所以，与没有交叉上市的公司相比，进行交叉上市的公司的风险承受与盈余管理程度之间的正相关关系减弱。从后果角度分析，盈余调整后的盈余指标更能反映公司的经济价值，有助于利益相关者作出决策，与风险承受水平低的公司相比，风险承受水平高的公司的盈余管理行为能够增加盈余的信息含量。当公司信息环境较好，外部利益相关者的信息获取成本较低时，公司风险承受水平与盈余管理的正相关关系明显减弱。

（2）与应计盈余管理方式相比，随着公司风险承受水平上升，管理层会更倾向于使用真实盈余管理方式。

本书认为，公司风险承受水平上升，会引起政府监管部门和审计部门的更多关注，应计盈余管理方式更容易被审计部门发现和查处，管理层会更多选择隐蔽性强的真实盈余管理方式。

进一步研究发现，国有控股公司由于受到政府部门和审计部门的更多关注，进行应计盈余管理更容易被发现和查处，与非国有控股公司相比，国有控股公司风险承受水平上升后对真实盈余管理方式的倾向性更显著；上市公司会计稳健性程度越高，说明公司面对的契约约束、法律诉讼风险越大，所以随着公司风险承受水平的提高，会计稳健性程度高的上市公司对真实盈余管理方式的倾向性更强。

（3）公司风险承受水平提高，盈余管理程度增加，公司价值提高。

本书研究发现，公司风险承受水平与公司价值正相关，增加的盈余管理，一方面缓解公司与利益相关者之间的利益冲突，有助于契约的履行，减低公司的交易成本；另一方面传递公司发展的信息，帮助利益相关者了解公司的经济价值。盈余管理在公司风险承受与公司价值之间起信号传递作用，从信号工具的有效性来看，真实盈余管理的信号传递作用更强。

7.2 研究局限和未来展望

7.2.1 研究局限

尽管作者在研究中力求做到细致、深入和全面，但是受到自身知识背景、研究水平、研究时间和研究方法的限制，本书的研究仍显粗浅，仍然存在诸多不足。

第一，本书使用了目前最主流的模型（Roychowdhury，2006）对真实盈余管理活动进行度量，但是仍然只包含了销售操纵、生产成本操纵和费用操纵，公司可能进行的其他真实盈余管理活动，如关联方交易、出售资产等都未能在模型中体现，可能对本书的研究结论产生一定影响。

第二，本书通过模型设置、倾向值得分匹配、Heckman 模型、处理效应模型、工具变量法等方法试图缓解实证检验中的内生性问题，但是仍然无法完全控制，可能会对本书的结论产生一些影响。

7.2.2 研究展望

根据以上主要结论以及本书存在的不足，未来需要继续探索。

第一，尽管真实盈余管理行为已经成为学界研究热点，但是目前的模型仍不能涵盖大量具体的真实盈余管理行为，如公司为了提升当期盈余签订的资产出售回购协议、回购股份、销售交易性证券等，所以对真实盈余管理的全面度量仍存在缺陷。如何构建真实盈余管理的多维度综合指标，将是真实盈余管理度量指标研究的重点，未来的研究可以在真实盈余管理的度量方面有所进展。

第二，本书关于公司风险承受水平与盈余管理程度的回归数据显示，随着公司风险承受水平上升，在真实盈余管理活动中，异常的经营现金流和异常的生产成本都显著增加，而异常的操纵性费用变化不显著。R&D 支出是公司创新投入的重要标志，也是公司高风险承受的重要表现，这可能造成公司管理层尽量不去操纵研发支出，但是还需要实证证据的支持。Roychowdhury（2006）的真实盈余管理模型还可以进一步改进，为公司进行不同费用操纵提供新的证据。

第三，考虑管理层的个人行为特征、能力等因素。不同个体特征的管理层在公司风险承受水平的选择、盈余管理的决策中都会有重要的影响。忽视这一因素可能导致部分研究结论出现偏差，未来研究可以从管理层的行为特征出发，考察不同行为特征的管理层在公司风险承受水平上升后，对盈余管理行为的决策差异，具有重要的现实意义。

第四，不同行业的公司风险承受水平存在差异，本书没有分行业对公司风险承受水平影响盈余管理行为进行研究，在不同行业公司风险承受水平的提高，管理层对盈余管理程度、盈余管理方式的选择可能存在差异。

第五，公司的盈余管理行为是一个动态的选择过程，在公司的不同发展阶段，公司风险承受对盈余管理的影响可能存在差异，对公司价值也会有不同影响。这些研究对于全面理解两者关系具有重要价值，未来的研究可以在这些方面展开。

参考文献

[1] [美] 爱德华·弗里曼，杰弗里·哈里森，安德鲁·威克斯，拜德安·帕尔马，西蒙娜·科莱．利益相关者理论现状与展望 [M]．北京：知识产权出版社，2013.

[2] [美] 奥利佛·威廉姆森，斯科特·马斯腾．交易成本经济学经典名篇选读 [M]．李自杰，蔡铭等译．北京：人民出版社，2008.

[3] 薄澜，冯阳．债务契约与盈余管理关系的实证研究 [J]．财经问题研究，2014 (2)：102-107.

[4] 薄澜，姚海鑫，王书林，刘丽莉．债务融资与盈余管理的关系及其控制人性质差异分析——基于非平衡面板数据的经验研究 [J]．财政研究，2013 (4)：74-77.

[5] 蔡春，朱荣，和辉，谢柳芳．盈余管理方式选择、行为隐性化与濒死企业状况改善——来自A股特别处理公司的经验证据 [J]．会计研究，2012 (9)：31-39.

[6] 陈俊，张传明．操纵性披露变更、信息环境与盈余管理 [J]．管理世界，2010 (8)：181-183.

[7] 陈亮．所有权结构、行业监管与盈余管理——基于ST上市公司经验证据 [J]．预测，2012 (3)：36-40.

[8] 陈武朝．经济周期、行业周期性与盈余管理程度——来自中国上市公司的经验证据 [J]．南开管理评论，2013，16 (3)：26-35.

[9] 陈晓，戴翠玉．A股亏损公司的盈余管理行为与手段研究 [J]．中国会计评论，2004 (12)：299-310.

[10] 陈小林，林昕．盈余管理、盈余管理属性与审计意见——基于中国证券市场经验证据 [J]．会计研究，2011 (6)：77-85.

[11] 杜兴强，曾泉，杜颖洁．政治联系、过度投资与公司价值——基于国有上市公司的经验证据 [J]．金融研究，2011 (8)：93-110.

[12] 杜兴强，周泽将．高管变更、继任来源与盈余管理 [J]．当代经济科学，2010 (1)：23-33.

[13] 樊纲等．中国市场化指数——各地区市场化相对进程 2011 年报告 [M]．北京：经济科学出版社，2011.

[14] 高雷，张杰．公司治理、资金占用与盈余管理 [J]．金融研究，2009 (5)：121-140.

[15] 龚启辉，吴联生，王亚平．两类盈余管理之间的部分替代 [J]．经济研究，2015 (6)：175-188.

[16] 郭海，王栋，刘衡．基于权变视角的管理者社会关系对企业绩效的影响研究 [J]．管理学报，2013 (3)：360-367.

[17] 李莉．公司高管股权激励与盈余管理关系的实证 [J]．统计与决策 (CSSCI)，2016 (2)：159-162.

[18] 黄文伴，李延喜．管理者薪酬契约与企业盈余管理程度关系 [J]．科研管理，2011，32 (6)：133-139.

[19] 江金锁，胡焱鑫．政府管制、高管薪酬与盈余管理——来自中国上市商业银行的经验证据 [J]．财政研究，2010 (2)：15-17.

[20] 蒋义宏．会计信息失真的现状、成因与对策研究——上市公司利润操纵实证研究（第一版）[M]．北京：中国财政经济出版社，2002：142.

[21] 蒋义宏．净利润境内外审计差异的实证分析——来自中国 B 股上市公司年报的证据 [J]．管理世界，2002 (7)：121-125.

[22] 靳明．从 ROE 的实证分析看上市公司的业绩操纵行为 [J]．中国工业经济，2000 (2)：63-69.

[23] 雷强．银行监督与上市公司盈余管理关系的实证研究——来自中

国证券市场的经验证据 [J]. 审计与经济研究, 2010 (11): 91-98.

[24] 李彬, 张俊瑞, 王鹏. 盈余管理的内在制约——基于会计弹性的实证研究 [J]. 管理学报, 2009, 6 (11): 1513-1517.

[25] 李彬, 张俊瑞, 曾振. 实际活动操控、应计项目操控与会计弹性 [J]. 管理评论, 2011, 23 (11): 160-168.

[26] 李彬, 张俊瑞. 过度投资、盈余管理方式"合谋"与公司价值 [J]. 经济科学, 2013 (1): 112-125.

[27] 李莉, 曲晓辉, 肖虹. R&D 支出资本化: 真实信号传递或盈余管理? [J]. 审计与经济研究, 2013 (1): 60-69.

[28] 李文贵, 余明桂. 所有权性质、市场化进程与企业风险承担 [J]. 中国工业经济, 2012 (12): 115-127.

[29] 李延喜, 包世泽, 高锐, 孔宪京. 薪酬激励、董事会监管与上市公司盈余管理 [J]. 南开管理评论, 2007 (6): 55-61.

[30] 李增福, 蔡志强, 连玉君. 应计项目盈余管理还是真实交易盈余管理? ——基于我国 2007 年所得税改革的研究 [J]. 管理世界, 2011 (1): 121-134.

[31] 林永坚, 王志强, 李茂良. 高管变更与盈余管理——基于应计项目操控与真实活动操控的实证研究 [J]. 南开管理评论, 2013, 16 (1): 4-14.

[32] 刘斌, 刘星, 李世新, 何顺文. CEO 薪酬与企业业绩互动效应的实证检验 [J]. 会计研究, 2003 (3): 35-39.

[33] 刘衡, 苏坤, 李彬. 现金分红、盈余管理方式选择与企业价值 [J]. 中国会计评论, 2013 (3): 277-300.

[34] 刘芹. 银行债务契约与债务人盈余管理关系的实证研究 [J]. 经济纵横, 2012 (6): 114-117.

[35] 柳畅. 公司成长性对盈余管理的影响 [J]. 当代经济研究, 2011 (6): 89-92.

[36] 卢太平, 张东旭. 融资需求、融资约束与盈余管理 [J]. 会

计研究，2014（1）：35－41.

［37］陆建桥．中国亏损上市公司盈余管理实证研究［J］．会计研究，1999（9）：25－35.

［38］陆瑶，沈小力．股票价格的信息含量与盈余管理——基于中国股市的实证分析［J］．金融研究，2011（12）：131－146.

［39］陆宇建．上市公司盈余管理的动机及其治理对策研究［J］．管理科学，2003（4）：65－69.

［40］陆正飞，祝继高，孙便霞．盈余管理、会计信息与银行债务契约［J］．管理世界，2008（3）：152－158.

［41］罗琦，王悦歌．真实盈余管理与权益资本成本——基于公司成长性差异的分析［J］．金融研究，2015（5）：178－191.

［42］毛新述，戴德明．会计制度变迁与盈余稳健性：一项理论分析［J］．会计研究，2008（9）：26－32.

［43］孟焰，张秀梅．上市公司关联方交易盈余管理与关联方利益转移关系研究［J］．会计研究，2006（4）：37－43.

［44］宁亚平．盈余管理的定义及其意义研究［J］．会计研究，2004（9）：62－66.

［45］潘越，戴亦一．双重上市、信号幻觉与融资效应［J］．经济管理，2010（3）：117－124.

［46］沈烈，张西萍．新会计准则与盈余管理［J］．会计研究，2007（5）：10－12.

［47］沈鹏．我国上市公司CFO薪酬与盈余质量的相关性研究［J］．南开管理评论，2009，12（5）：82－93.

［48］石军．公司成长性与盈余管理［J］．西安交通大学学报（社会科学版），2011（1）：48－50.

［49］谭燕，吴静．股权质押具有治理效用吗？——来自中国上市公司的经验证据［J］．会计研究，2013（2）：45－52.

［50］王福胜，程富，吉姗姗．阈值处的盈余分布断层：盈余管理

解释的实证检验 [J]. 会计研究, 2013 (5): 19 - 26.

[51] 王福胜, 吉姗姗, 程富. 盈余管理对上市公司未来经营业绩的影响研究——基于应计盈余管理与真实盈余管理比较视角 [J]. 南开管理评论, 2014 (2): 95 - 106.

[52] 王红建, 李青原, 陈雅娜. 盈余管理、经济周期与产品市场竞争 [J]. 会计研究, 2015 (9): 44 - 51.

[53] 王菁华, 茅宁. 企业风险承担研究述评及展望 [J]. 外国经济与管理, 2015 (12): 44 - 58.

[54] 王亚平, 吴联生, 白云霞. 中国上市公司盈余管理的频率与幅度 [J]. 经济研究, 2005 (12): 102 - 112.

[55] 王艳, 孙培源, 杨忠直. 经理层过度投资与股权激励的契约模型研究 [J]. 中国管理科学, 2005 (2): 127 - 131.

[56] 王永海, 刘慧玲. 所得税税率变动与公司风险承受——基于我国 A 股上市公司的经验证据 [J]. 会计研究, 2013 (5): 43 - 50.

[57] 王永海, 胡芬. 价值相关性抑或风险效应: 会计信息有用性研究综述 [J]. 武汉大学学报 (哲学社会科学版), 2015 (11): 57 - 64.

[58] 王永海, 徐琴. 我国上市公司盈余信息的风险含量研究 [J]. 东南大学学报 (哲学社会科学版), 2016 (1): 65 - 75.

[59] 王永海, 周为. 公司最高决策者教育背景与公司风险承受关系的实证研究 [J]. 教育与经济, 2013 (6): 30 - 35.

[60] 王跃堂, 王亮亮, 贡彩萍. 所得税改革、盈余管理及其经济后果 [J]. 经济研究, 2009 (3): 86 - 98.

[61] 魏明海. 盈余管理基本理论及其研究述评 [J]. 会计研究, 2000 (9): 34 - 42.

[62] 威廉·R. 斯科特. 财务会计理论 [M]. 陈汉文等译. 北京: 中国人民大学出版社, 2012.

[63] 温忠麟, 张雷, 侯杰泰, 刘红云. 中介效应检验程序及其应用 [J]. 心理学报, 2004, 36 (5): 614 - 620.

[64] 吴联生. 企业会计信息违法性失真的责任合约安排 [J]. 经济研究, 2001 (2): 77－94.

[65] 吴联生, 薄仙慧, 王亚平. 避免亏损的盈余管理程度: 上市公司与非上市公司的比较 [J]. 会计研究, 2007 (2): 44－51.

[66] 吴联生, 王亚平. 盈余管理程度的估计模型与经验证据: 一个综述 [J]. 经济研究, 2007 (8): 143－152.

[67] 谢柳芳, 朱荣, 何苦. 退市制度对创业板上市公司盈余管理行为的影响——基于应计与真实盈余管理的分析 [J]. 审计研究, 2013 (1): 95－102.

[68] 申慧慧. 环境不确定性对盈余管理的影响 [J]. 审计研究, 2010 (1): 89－96.

[69] 斯科特 (William R. Scott). 财务会计理论 (第 6 版) [M]. 陈汉文等译. 北京: 中国人民大学出版社, 2012.

[70] 西蒙. 西蒙选集 [M]. 北京: 首都经济贸易大学出版社, 2002.

[71] 肖成民, 吕长江. 市场监管、盈余分布变化与盈余管理——退市监管与再融资监管的比较分析 [J]. 南开管理评论, 2011, 14 (1): 138－147.

[72] 许罡, 朱卫东. 管理当局、研发支出资本化选择与盈余管理动机——基于无形资产准则研发阶段划分的实证研究 [J]. 科学学与科学技术管理, 2010 (9): 39－43.

[73] 杨继伟, 汪戎, 陈红. 债权治理与盈余管理: 来自中国证券市场的经验证据 [J]. 管理评论, 2012 (9): 75－82.

[74] 伊特韦尔. 新帕尔格雷夫经济学大辞典 [M]. 北京: 经济科学出版社, 1992.

[75] 余明桂, 李文贵, 潘洪波. 管理者过度自信与企业风险承担 [J]. 金融研究, 2013 (1): 149－163.

[76] 张玲, 刘启亮. 治理环境、控制人性质与债务契约假说 [J].

金融研究，2009 (2)：102－115.

[77] 张昕. 中国亏损上市公司第四季度盈余管理的实证研究 [J]. 会计研究，2008 (4)：25－32.

[78] 张天西，张子余. "真实销售行为"的动态选择与经济后果 [J]. 南开管理评论，2011 (6)：128－136.

[79] 张田余. 上市公司扭亏现象透视 [N]. 中国证券报，1998－06－24 (15).

[80] 张昕，杨再慧. 中国上市公司利用盈余管理避免亏损的实证研究 [J]. 管理世界，2007 (9)：166－167.

[81] 赵春光. 资产减值与盈余管理——论《资产减值》准则的政策涵义 [J]. 会计研究，2006 (3)：11－17.

[82] 赵胜民，翟光宇，张瑜. 我国上市商业银行盈余管理与市场约束——基于投资收益及分先管理的视角 [J]. 上海经济研究，2012 (1)：75－85.

[83] 朱红军. 大股东变更与高级管理人员更换：经营业绩的作用 [J]. 会计研究，2002 (9)：31－41.

[84] Acemoglu D, Zilibotti F. 1997. Was Prometheus unbound by chance? Risk, diversification, and growth [J]. Journal of Political Economy, 105 (4): 709－751.

[85] Acharya V V, mihud Y, Litov L. 2011. Creditor rights and corporate risk-taking [J]. Journal of Financial Economics, 102 (1): 150－166.

[86] Adams R B, Almeida H, Ferreira D. 2005. Powerful CEOs and their impact on corporate performance [J]. Review of Financial Studies, 18 (4): 1403－1432.

[87] Ahmed A S, Billings B K, Morton R M, et al. 2002. The role of accounting conservatism in mitigating bondholder-shareholder conflicts over dividend policy and in reducing debt costs [J]. The Accounting Review, 77 (4): 867－890.

[88] Altamuro J, Beatty A L, Weber J. 2005. The effects of accelerated revenue recognition on earnings management and earnings informativeness: Evidence from SEC Staff Accounting Bulletin No. 101 [J]. The Accounting Review, 80 (2): 373 – 401.

[89] Armstrong C S, Larcker D F, Ormazabal G, et al. 2013. The relation between equity incentives and misreporting: The role of risk-taking incentives [J]. Journal of Financial Economics, 109 (2): 327 – 350.

[90] Badertscher B A. 2011. Overvaluation and the choice of alternative earnings management mechanisms [J]. The Accounting Review, 86 (5): 1491 – 1518.

[91] Badertscher B A, Collins D W, Lys T Z. 2012. Discretionary accounting choices and the predictive ability of accruals with respect to future cash flows [J]. Journal of Accounting and Economics, 53 (1): 330 – 352.

[92] Baginski S P, Hassell J M, Kimbrough M D. 2002. The effect of legal environment on voluntary disclosure: Evidence from management earnings forecasts issued in US and Canadian markets [J]. The Accounting Review, 77 (1): 25 – 50.

[93] Baker M, Wurgler J. 2011. Behavioral corporate finance: An updated survey [R]. National Bureau of Economic Research.

[94] Bargeron L L, Lehn K M, Zutter C J. 2010. Sarbanes-Oxley and corporate risk-taking [J]. Journal of Accounting and Economics, 49 (1): 34 – 52.

[95] Barnea A, Ronen J, Sadan S. 1975. The implementation of accounting objectives: An application to extraordinary items [J]. The Accounting Review, 50 (1): 58 – 68.

[96] Barth J R, Caprio Jr G, Levine R. 2004. Bank regulation and supervision: what works best? [J]. Journal of Financial Intermediation, 13 (2): 205 – 248.

[97] Barton J. 2001. Does the use of financial derivatives affect earnings management decisions? [J]. The Accounting Review, 76 (1): 1 -26.

[98] Barua A, Davidson L F, Rama D V, et al. 2010. CFO gender and accruals quality [J]. Accounting Horizons, 24 (1): 25 -39.

[99] Basu S. 1997. The conservatism principle and the asymmetric timeliness of earnings [J]. Journal of Accounting and Economics, 24 (1): 3 -37.

[100] Baumol W J, Strom R J. 2007. Entrepreneurship and economic growth [J]. Strategic Entrepreneurship Journal, 1 (3 -4): 233 -237.

[101] Beatty A, Chamberlain S L, Magliolo J. 1995. Managing financial reports of commercial banks: The influence of taxes, regulatory capital, and earnings [J]. Journal of Accounting Research, 33 (2) : 231 -261.

[102] Beatty A, Weber J, Yu J J. 2008. Conservatism and debt [J]. Journal of Accounting and Economics, 45 (2): 154 -174.

[103] Beaver W H, Engel E E. 1996. Discretionary behavior with respect to allowances for loan losses and the behavior of security prices [J]. Journal of Accounting and Economics, 22 (1): 177 -206.

[104] Beaver W H, Ryan S G. 2000. Biases and lags in book value and their effects on the ability of the book-to-market ratio to predict book return on equity [J]. Journal of Accounting Research, 38 (1): 127 -148.

[105] Beneish M D. 1999. Incentives and penalties related to earnings overstatements that violate GAAP [J]. The Accounting Review, 74 (4): 425 -457.

[106] Berger P G, Hann R N. 2007. Segment profitability and the proprietary and agency costs of disclosure [J]. The Accounting Review, 82 (4): 869 -906.

[107] Bromiley P. 1991. Testing a causal model of corporate risk taking and performance [J]. Academy of Management Journal, 34 (1): 37 -59.

[108] Brown L D A. 2001. Temporal analysis of earnings surprises: Profits vs. Losses [J]. Journal of Accounting Research, 39 (2): 221 -241.

[109] Burgstahler D, Dichev I D. 1997. Earnings management to avoid earnings decreases and losses [J]. Journal of Accounting and Economics, 24 (1): 99 -126.

[110] Burgstahler D, Eames M. 2006. Management of earnings and analysts' forecasts to achieve zero and small positive earnings surprises [J]. Journal of Business Finance & Accounting, 33 (5 -6): 633 -652.

[111] Carpenter M A, Pollock T G, Leary M M. 2013. Testing a model of reasoned risk-taking: governance, the experience of principals and agents, and global strategy in high-technology IPO firms [J]. Strategic Management Journal, 24 (9): 803 -820.

[112] Chan L H, Chen K C W, Chen T Y, et al. 2014. Substitution between real and accruals-based earnings management after voluntary adoption of compensation clawback provisions [J]. The Accounting Review, 90 (1): 147 -174.

[113] Chava S, Roberts M R. 2008. How does financing impact investment? The role of debt covenants [J]. The Journal of Finance, 63 (5): 2085 -2121.

[114] Chen C, Huang A G, Jha R. 2012. Idiosyncratic return volatility and the information quality underlying managerial discretion [J]. Journal of Financial and Quantitative Analysis, 47 (4): 873 -899.

[115] Chen C J P, Chen S, Su X, et al. 2004. Incentives for and consequences of initial voluntary asset write-downs in the emerging Chinese market [J]. Journal of International Accounting Research, 3 (1): 43 -61.

[116] Chen K C W, Yuan H. 2004. Earnings management and capital resource allocation: evidence from China's accounting-based regulation of rights issues [J]. The Accounting Review, 79 (3) : 645 -665.

[117] Chen X, Cheng Q, Wang X. 2014. Does increased board independence reduce earnings management? Evidence from recent regulatory reforms [J]. Review of Accounting Studies, 20 (2): 899 -933.

[118] Cheng Q, Farber D B. 2008. Earnings restatements, changes in CEO compensation, and firm performance [J]. The Accounting Review, 83 (5): 1217 -1250.

[119] Cheng Q, Warfield T D. 2004. Equity incentives and earnings management [J]. The Accounting Review, 80 (2): 317 -349.

[120] Chu E Y, Song S I. 2012. Executive compensation, earnings management and over investment in Malaysia [J]. Social Science Research Network.

[121] Chung R, Firth M, Kim J B. 2005. Earnings management, surplus free cash flow, and external monitoring [J]. Journal of Business Research, 58 (6): 766 -776.

[122] Coase R H. 1937. The nature of the firm [J]. Economica, 4 (16): 386 -405.

[123] Cohen D A, Dey A, Lys T Z. 2008. Real and accrual-based earnings management in the pre-and post-Sarbanes-Oxley periods [J]. The Accounting Review, 83 (3): 757 -787.

[124] Cohen D A, Zarowin P. 2010. Accrual-based and real earnings management activities around seasoned equity offerings [J]. Journal of Accounting and Economics, 50 (1): 2 -19.

[125] Coles J L, Daniel N D, and Naveen L. 2006. Managerial Incentives and Risk-Taking [J]. Journal of Financial Economics, 79 (2) : 431 -468.

[126] Collins J H, Shackelford D A, Wahlen J M. 1995. Bank differences in the coordination of regulatory capital, earnings, and taxes [J]. Journal of Accounting Research, 33 (2): 263 -291.

[127] Core J E, Guay W R, Verdi R. 2008. Is accruals quality a priced risk factor? [J]. Journal of Accounting and Economics, 46 (1): 2-22.

[128] Davidson S, Stickney C, Weil R. 1987. Accounting: the language of business [J]. New York: Thomas Horton and Daughters.

[129] DeAngelo H, DeAngelo L, Skinner D J. 1994. Accounting choice in troubled companies [J]. Journal of Accounting and Economics, 17 (1): 113-143.

[130] Dechow P M, Sloan R G, Sweeney A P. 1995. Detecting earnings management [J]. The Accounting Review, 70 (2): 193-225.

[131] Dechow P M, Richardson S A, Tuna I. 2003. Why are earnings kinky? An examination of the earnings management explanation [J]. Review of Accounting Studies, 8 (2-3): 355-384.

[132] Dechow P, Ge W, Schrand C. 2010. Understanding earnings quality: A review of the proxies, their determinants and their consequences [J]. Journal of Accounting and Economics, 50 (2): 344-401.

[133] Dechow P M, Ge W, Larson C R, et al. 2011. Predicting material accounting misstatements [J]. Contemporary Accounting Research, 28 (1): 17-82.

[134] Dechow P M, Hutton A P, Kim J H, Sloan R G. 2012. Detecting earnings management: A new approach [J]. Journal of Accounting Research, 50 (2): 275-334.

[135] DeFond M L, Jiambalvo J. 1991. Incidence and circumstances of accounting errors [J]. The Accounting Review: 643-655.

[136] DeFond M L, Jiambalvo J. 1994. Debt covenant violation and manipulation of accruals [J]. Journal of Accounting and Economics, 17 (1): 145-176.

[137] DeFond M L, Park C W. 2001. The reversal of abnormal accruals

and the market valuation of earnings surprises [J]. The Accounting Review, 76 (3): 375 -404.

[138] Dou Y, Hope O K, Thomas W B. 2013. Relationship-specificity, contract enforceability, and income smoothing [J]. The Accounting Review, 88 (5): 1629 - 1656.

[139] DuCharme L L, Malatesta P H, Sefcik S E. 2004. Earnings management, stock issues, and shareholder lawsuits [J]. Journal of Financial Economics, 71 (1) : 27 -49.

[140] Dye R A. 1988. Earnings management in an overlapping generations model [J]. Journal of Accounting Research, 26 (2) : 195 -235.

[141] Ecker F, Francis J, Kim I, et al. 2006. A returns-based representation of earnings quality [J]. The Accounting Review, 81 (4): 749 -780.

[142] Elliott J A, Shaw W H. 1988. Write-offs as accounting procedures to manage perceptions [J]. Journal of Accounting Research, 26: 91 - 119.

[143] Erkens D H, Hung M, Matos P. 2012. Corporate governance in the 2007 -2008 financial crisis: Evidence from financial institutions worldwide [J]. Journal of Corporate Finance, 18 (2): 389 -411.

[144] Evans M E, Houston R W, Peters M F, et al. 2014. reporting regulatory environments and earnings management: US and Non-US firms using US GAAP or IFRS [J]. The Accounting Review, 90 (5): 1969 - 1994.

[145] Ewert R, Wagenhofer A. 2005. Economic effects of tightening accounting standards to restrict earnings management [J]. The Accounting Review, 80 (4): 1101 -1124.

[146] Faccio M, Marchica M T, Mura R. 2011. Large shareholder diversification and corporate risk-taking [J]. Review of Financial Studies, 24 (11): 3601 -3641.

[147] Fama E F, French K R. 1989. Business conditions and expected

returns on stocks and bonds [J]. Journal of Financial Economics, 25 (1): 23 - 49.

[148] Fan Y, Barua A, Cready W M, Thomas W B. 2010. Managing earnings using classification shifting: Evidence from quarterly special items [J]. The Accounting Review, 85 (4) : 1303 - 1323.

[149] Fishburn P C. 2010. Mean-risk analysis with risk associated with below-target returns [J]. American Economic Review, 67 (2): 116 - 126.

[150] Fonseca A R, González F. 2008. Cross-country determinants of bank income smoothing by managing loan-loss provisions [J]. Journal of Banking & Finance, 32 (2): 217 - 228.

[151] Gaver J J, Paterson J S. 2007. The influence of large clients on office-level auditor oversight: Evidence from the property-casualty insurance industry [J]. Journal of Accounting and Economics, 43 (2) : 299 - 320.

[152] Ghosh A, Marra A, Moon D. 2010. Corporate boards, audit committees, and earnings management: pre-and post-SOX evidence [J]. Journal of Business Finance & Accounting, 37 (9 - 10): 1145 - 1176.

[153] Givoly D, Hayn C. 2000. The changing time-series properties of earnings, cash flows and accruals: Has financial reporting become more conservative? [J]. Journal of Accounting and Economics, 29 (3): 287 - 320.

[154] Graham J R, Harvey C R, Rajgopal S. 2005. The economic implications of corporate financial reporting [J]. Journal of Accounting and Economics, 40 (1): 3 - 73.

[155] Grammatikos T, Saunders A. 1990. Additions to bank loan-loss reserves: Good news or bad news? [J]. Journal of Monetary Economics, 25 (2): 289 - 304.

[156] Grant J, Markarian G, Parbonetti A. 2009. CEO risk-related incentives and income smoothing [J]. Contemporary Accounting Research, 26

(4): 1029 - 1065.

[157] Greenawalt M B, Sinkey Jr J F. 1988. Bank loan-loss provisions and the income-smoothing hypothesis: an empirical analysis, 1976 - 1984 [J]. Journal of Financial Services Research, 1 (4): 301 - 318.

[158] Gul F A, Fung S Y K, Jaggi B. 2009. Earnings quality: Some evidence on the role of auditor tenure and auditors' industry expertise [J]. Journal of Accounting and Economics, 47 (3): 265 - 287.

[159] Gunny K A. 2010. The relation between earnings management using real activities manipulation and future performance: Evidence from meeting earnings benchmarks [J]. Contemporary Accounting Research, 27 (3): 855 - 888.

[160] Habib A, Bhuiyan M B U, Islam A. 2013. Financial distress, earnings management and market pricing of accruals during the global financial crisis [J]. Managerial Finance, 39 (2): 155 - 180.

[161] Habib A, Hasan M M. 2015. Firm life cycle, corporate risk-taking and investor sentiment [J]. Accounting & Finance, DOI: 10.1111/acfi. 12141.

[162] Hagendorff J, Vallascas F. 2011. CEO pay incentives and risk-taking: Evidence from bank acquisitions [J]. Journal of Corporate Finance, 17 (4): 1078 - 1095.

[163] Hannes S, Tabbach A D. 2014. More manipulation, less risk taking? [J]. Social Science Research Network.

[164] Harjoto M, Laksmana I, Lee R. 2015. Board diversity and corporate social responsibility [J]. Journal of Business Ethics, 132 (4): 641 - 660.

[165] Healy P M. 1985. The effect of bonus schemes on accounting decisions [J]. Journal of Accounting and Economics, 7 (1): 85 - 107.

[166] Healy P M, Wahlen J M. 1999. A review of the earnings man-

agement literature and its implications for standard setting [J]. Accounting Horizons, 13 (4): 365 - 383.

[167] Herrmann D, Inoue T, Thomas W B. 2003. The sale of assets to manage earnings in Japan [J]. Journal of Accounting Research, 41 (1): 89 - 108.

[168] Hilary G, Hui K W. 2009. Does religion matter in corporate decision making in America? [J]. Journal of Financial Economics, 93 (3): 455 - 473.

[169] Hirshleifer D, Low A, Teoh S H. 2012. Are overconfident CEOs better innovators? [J]. The Journal of Finance, 67 (4): 1457 - 1498.

[170] Holthausen R W. 1990. Accounting method choice: opportunistic behavior, efficient contracting and information perspective [J]. Journal of Accounting and Economics, 12 (1 - 3): 207 - 218.

[171] Hribar P, Jenkins N T, Johnson W B. 2006. Stock repurchases as an earnings management device [J]. Journal of Accounting and Economics, 41 (1): 3 - 27.

[172] Hribar P, Craig Nichols D. 2007. The use of unsigned earnings quality measures in tests of earnings management [J]. Journal of Accounting Research, 45 (5): 1017 - 1053.

[173] Jensen M C. 1993. The modern industrial revolution, exit, and the failure of internal control systems [J]. The Journal of Finance, 48 (3): 831 - 880.

[174] John K, Litov L, Yeung B. 2008. Corporate governance and risk-taking [J]. The Journal of Finance, 63 (4): 1679 - 1728.

[175] Jones J J. 1991. Earnings management during import relief investigations [J]. Journal of Accounting Research: 193 - 228.

[176] Kahneman D, Tversky A. 1979. Prospect theory: An analysis of decision under risk [J]. Econometrica: Journal of the Econometric Society,

47 (2): 263 – 292.

[177] Kaplan S E, Ravenscroft S P. 2004. The reputation effects of earnings management in the internal labor market [J]. Business Ethics Quarterly, 14 (3): 453 – 478.

[178] Khan M, Watts R L. 2009. Estimation and empirical properties of a firm-year measure of accounting conservatism [J]. Journal of Accounting and Economics, 48 (2): 132 – 150.

[179] Kim K H, Al-Shammari H A, Kim B, Lee S H. 2009. CEO duality leadership and corporate diversification behavior [J]. Journal of Business Research, 62 (11): 1173 – 1180.

[180] Koerniadi H, Krishnamurti C, Tourani-Rad A. 2014. Corporate governance and risk-taking in New Zealand [J]. Australian Journal of Management, 39 (2): 227 – 245.

[181] Kothari S P, Leone A J, Wasley C E. 2005. Performance matched discretionary accrual measures [J]. Journal of Accounting and Economics, 39 (1): 163 – 197.

[182] Lanen W N, Verrecchia R E. 1987. Operating decisions and the disclosure of management accounting information [J]. Journal of Accounting Research, 25: 165 – 189.

[183] Lang M H, Lins K V, Miller D P. 2004. Concentrated control, analyst following, and valuation: Do analysts matter most when investors are protected least? [J]. Journal of Accounting Research, 42 (3): 589 – 623.

[184] Linck J S, Netter J, Shu T. 2013. Can managers use discretionary accruals to ease financial constraints? Evidence from discretionary accruals prior to investment [J]. The Accounting Review, 88 (6): 2117 – 2143.

[185] Lins K, Servaes H. 1999. International evidence on the value of corporate diversification [J]. Journal of Finance, 54 (6): 2215 – 2239.

[186] Louis H, Robinson D. 2005. Do managers credibly use accruals

to signal private information? Evidence from the pricing of discretionary accruals around stock splits [J]. Journal of Accounting and Economics, 39 (2): 361-380.

[187] Lumpkin G T, Dess G G. 1996. Clarifying the entrepreneurial orientation construct and linking it to performance [J]. Academy of Management Review, 21 (1): 135-172.

[188] McLean, R. D., Zhao, M. 2014. The business cycle, investor sentiment, and costly external finance [J]. The Journal of Finance, 69 (3): 1377-1409.

[189] McNichols M, Wilson G P. 1988. Evidence of earnings management from the provision for bad debts [J]. Journal of Accounting Research, 26: 1-31.

[190] McNichols M F, Stubben S R. 2008. Does earnings management affect firms' investment decisions? [J]. The Accounting Review, 83 (6): 1571-1603.

[191] McVay S E. 2006. Earnings management using classification shifting: An examination of core earnings and special items [J]. The Accounting Review, 81 (3): 501-531.

[192] Merton R C. 1987. A simple model of capital market equilibrium with incomplete information [J]. The Journal of Finance, 42 (3): 483-510.

[193] Minton B A, Taillard J, Williamson R. 2011. Do independence and financial expertise of the board matter for risk taking and performance? [J]. Social Science Research Network.

[194] Models for multiple attribute decision making with hesitant fuzzy linguistic information and their application to Enterprise risk evaluation [J], Journal of Intelligent & Fuzzy Systems (JIFS) indexed by SCI, 2016, vol. 30, no. 3, pp. 1531-1536.

[195] Mizik N, Jacobson R. 2007. Myopic marketing management:

Evidence of the phenomenon and its long-term performance consequences in the SEO context [J]. Marketing Science, 26 (3): 361 - 379.

[196] Morck R, Shleifer A, Vishny R W. 1988. Management ownership and market valuation: An empirical analysis [J]. Journal of Financial Economics, 20 (1 - 2): 293 - 315.

[197] Neffati A, Ben Fredj I, Schalck C. 2011. Earnings management, risk and corporate governance in US companies [J]. Corporate Ownership and Control, 8 (2): 170 - 176.

[198] Nguyen P. 2012. The impact of foreign investors on the risk-taking of Japanese firms [J]. Journal of the Japanese and International Economies, 26 (2): 233 - 248.

[199] Ohlson J A. 2014. Accruals: An overview [J]. China Journal of Accounting Research, 7 (2): 65 - 80.

[200] Pástor L, Veronesi P. 2006. Was there a Nasdaq bubble in the late 1990s? [J]. Journal of Financial Economics, 81 (1): 61 - 100.

[201] Palmer T B, Wiseman R M. 1999. Decoupling risk taking from income stream uncertainty: a holistic model of risk [J]. Strategic Management Journal, 20 (11): 1037 - 1062.

[202] Pathan S. 2009. Strong boards, CEO power and bank risk-taking [J]. Journal of Banking & Finance, 33 (7): 1340 - 1350.

[203] Peltomäki J, Swidler S, Vähämaa S. 2015. Age, gender, and Risk-Taking: Evidence from the S&P 1500 executives and firm riskiness [J]. Social Science Research Network.

[204] Petroni K R. 1992. Optimistic reporting in the property-casualty insurance industry [J]. Journal of Accounting and Economics, 15 (4): 485 - 508.

[205] Pincus M, Rajgopal S. 2002. The interaction between accrual management and hedging: Evidence from oil and gas firms [J]. The Account-

ing Review, 77 (1): 127 -160.

[206] Pourciau S. 1993. Earnings management and nonroutine executive changes [J]. Journal of Accounting and Economics, 16 (1): 317 -336.

[207] Rees L, Gill S, Gore R. 1996. An investigation of asset write-downs and concurrent abnormal accruals [J]. Journal of Accounting Research, 34 (1): 157 -169.

[208] Reynolds J K, Francis J R. 2000. Does size matter? The influence of large clients on office-level auditor reporting decisions [J]. Journal of Accounting and Economics, 30 (3): 375 -400.

[209] Rodríguez-Pérez G, Van Hemmen S. 2010. Debt, diversification and earnings management [J]. Journal of Accounting and Public Policy, 29 (2): 138 -159.

[210] Rosner R L. 2003. Earnings manipulation in failing firms [J]. Contemporary Accounting Research, 20 (2): 361 -408.

[211] Ross S A. 1977. The determination of financial structure: the incentive-signaling approach [J]. The Bell Journal of Economics, 8 (1): 23 -40.

[212] Roychowdhury S. 2006. Earnings management through real activities manipulation [J]. Journal of Accounting and Economics, 42 (3): 335 -370.

[213] Schipper K. 1989. Commentary: earnings management [J]. Accounting Horizons, 3 (4): 91 -102.

[214] Schipper K. 1990. Information transfers [J]. Accounting Horizons, 4 (4): 97 -107.

[215] Scott W R. 2014. Financial accounting theory [M]. Pearson Education Canada.

[216] Skinner D J, Sloan R G. 2002. Earnings surprises, growth expectations, and stock returns or don't let an earnings torpedo sink your

portfolio [J]. Review of Accounting Studies, 7 (2): 289 - 312.

[217] Sloan R. 1996. Do stock prices fully reflect information in accruals and cash flows about future earnings? (Digest summary) [J]. The Accounting Review, 71 (3): 289 - 315.

[218] Spence A M. 1974. Market signaling: Informational transfer in hiring and related screening processes [M]. Harvard University Press.

[219] Stulz R M. 1990. Managerial discretion and optimal financing policies [J]. Journal of Financial Economics, 26 (1): 3 - 27.

[220] Stulz R M. 1999. Golbalization, corporate finance, and the cost of capital [J]. Journal of Applied Corporate Finance, 12 (3): 8 - 25.

[221] Subramanyam K R. 1996. The pricing of discretionary accruals [J]. Journal of Accounting and Economics, 22 (1): 249 - 281.

[222] Sweeney A P. 1994. Debt-covenant violations and managers' accounting responses [J]. Journal of Accounting and Economics, 17 (3): 281 - 308.

[223] Tan H T, Jamal K. 2006. Managing perceptions of technical competence: how well do auditors know how others view them? [J]. Contemporary Accounting Research, 23 (3): 761 - 787.

[224] Tucker J W, Zarowin P A . 2006. Does income smoothing improve earnings informativeness? [J]. The Accounting Review, 81 (1): 251 - 270.

[225] Wahlen J M. 1994. The nature of information in commercial bank loan loss disclosures [J]. The Accounting Review, 69 (3): 455 - 478.

[226] Watts R L, Zimmerman J L. 1990. Positive accounting theory: a ten year perspective [J]. The Accounting review, 65 (1): 131 - 156.

[227] Watts R L. 2003. Conservatism in accounting part I: Explanations and implications [J]. Accounting Horizons, 17 (3): 207 - 221.

[228] Wright P, Ferris S P, Sarin A, et al. 1996. Impact of corporate

insider, blockholder, and institutional equity ownership on firm risk taking [J]. Academy of Management Journal, 39 (2): 441 -458.

[229] Wright P, Kroll M, Krug J A, Pettus M. 2007. Influences of top management team incentives on firm risk taking [J]. Strategic Management Journal, 28 (1): 81 -89.

[230] Xie H. 2001. The mispricing of abnormal accruals [J]. The Accounting Review, 76 (3): 357 -373.

[231] Zang A Y. 2011. Evidence on the trade-off between real activities manipulation and accrual-based earnings management [J]. The Accounting Review, 87 (2): 675 -703.

[232] Zhang J. 2008. The contracting benefits of accounting conservatism to lenders and borrowers [J]. Journal of Accounting and Economics, 45 (1): 27 -54.

[233] Zhao Y, Chen K H, Zhang Y, et al. 2012. Takeover protection and managerial myopia: Evidence from real earnings management [J]. Journal of Accounting and Public Policy, 31 (1): 109 -135.

后　记

在书稿终于完成之际，回首在武汉大学度过的三年学习生涯，从激动到迷茫，从焦虑到笃定，也伴随着痛苦、焦虑、兴奋和欣喜，很幸运能够在岁月的沉淀中顺利完成学业。一路走来，我最想表达的就是对导师、家人和同学的感谢。

首先，我最想感谢导师王永海教授。感谢王老师给了我来到武汉大学学习的机会，我才能来到东湖之滨圆自己的博士梦，并攻读自己喜欢的会计学专业。王老师学识渊博、治学严谨，日常的严格训练纠正我不好的阅读习惯，培养我的学术功底；同时王老师强大的人格魅力还在做人、处事上深深影响了我。在博士论文的写作过程中，王老师更是从选题、架构、方法等各个方面严格把关、悉心指导，帮助我完成了博士论文。毕业临行前，王老师还不断嘱咐：你们回去以后，要多看文献，增强自己的理论功底，科研不能停，你们还要进步……非常感谢王老师对我的培养，无以为报，学生只能在未来的工作岗位上秉承王老师的教诲，继续走好科研的道路。

其次，我要感谢在武汉大学求学期间各位老师和同学的帮助。感谢谢获宝教授、唐建新教授、李青原教授、余玉苗教授、余明桂教授、潘洪波教授、赵良玉老师、蒋德权老师，你们不仅在课堂上传授我最新的知识和研究方法，还在论文的写作和答辩过程中给予我宝贵的修改意见。在你们的帮助下，我最终顺利完成了毕业论文的修改和完善。

我还要感谢在武汉大学读书的同学和学长，刘慧玲博士、章涛博士、石青梅博士、钟慧洁博士、惠丽丽博士、新闻学院孙文杰博士后、计算机系李拴保博士，感谢你们在文章的写作和修改中给予我的帮助。尤其是我的室友和同门石青梅博士，从 2013 年我们坐同一辆火车参加武汉大学博士生初试开始，我们一起考进武大经管院，师从同一位导师王永海教授，住同一间宿舍，一起读文献，一起参加论坛，一起写文章，一起锻炼身体，一起顺利毕业。非常幸运有你这样一个好朋友，我们一起度过这辛苦而充实的三年，还会一起走向新的开始，共同进步。同样要感谢的是我的宿舍邻居小妹妹——钟慧洁博士。虽然你比我小很多，但是很多时候都是你在照顾我。搜集最新的会计论坛信息，安排参加学术会议的行程，特别是你对实证方法和数据处理的热情，一直激励着我也不断提高自己，也祝贺你，顺利毕业。

最后，要感谢我的家人和朋友，尤其是我的父母、丈夫和女儿！为了支持我的学业，年近八旬的父母承担起接送女儿的任务，在我进行论文写作最艰难的阶段，甚至想过放弃。婆婆经常打电话鼓励我，开导我，劝我不要放弃，让我不要挂心家里，要多和老师沟通，要敢于面对挫折！在求学的三年里，丈夫一直坚持自己照顾女儿的生活、学习，每天早起给孩子做饭，晚上陪她学习、练琴，周末出游，在我焦虑、痛苦的时候，还总是鼓励我，开导我，在我面前却从不叫一声苦，说一句难。还有我可爱的女儿，三年来你也成长了很多，从我离开时号啕大哭到只是默默流泪，到最后只是提一个小小的要求："妈妈，你能早上送完我去上学，再走吗？"在我遇到困难打退堂鼓的时候，还会劝我："妈妈，你要听老师的话，好好学习，好好写文章。"如果没有你们在生活上和精神上给予我的支持，我无法顺利地完成学业，在我感到困惑、焦虑甚至是痛苦的时候，是你们一直鼓励我、开导我、支持我，是你们的支持帮助我如期毕业，并进入郑州大学工作。

本书是在我博士毕业论文的基础上修整而成的。由于个人研究水平的限制，书中仍存在诸多不足。感谢阅读本书的老师、朋友提出宝贵的意见。

李　莉
2018 年 5 月